MANDANT BREVETÉ

LES

COMBATS FUTURS

ÉDITION DÉFINITIVE

PARIS
11, PLACE SAINT-ANDRÉ-DES-ARTS

LIMOGES
46, NOUVELLE ROUTE D'AIXE

Henri CHARLES-LAVAUZELLE
ÉDITEUR MILITAIRE

—

1891

Tous droits de traduction et de reproduction réservés.

LES

COMBATS FUTURS

COMMANDANT BREVETÉ RADOUX

LES
COMBATS FUTURS

ÉDITION DÉFINITIVE

PARIS | LIMOGES
11, PLACE SAINT-ANDRÉ-DES-ARTS | 46, NOUVELLE ROUTE D'AIXE

Henri CHARLES-LAVAUZELLE

ÉDITEUR MILITAIRE

1891

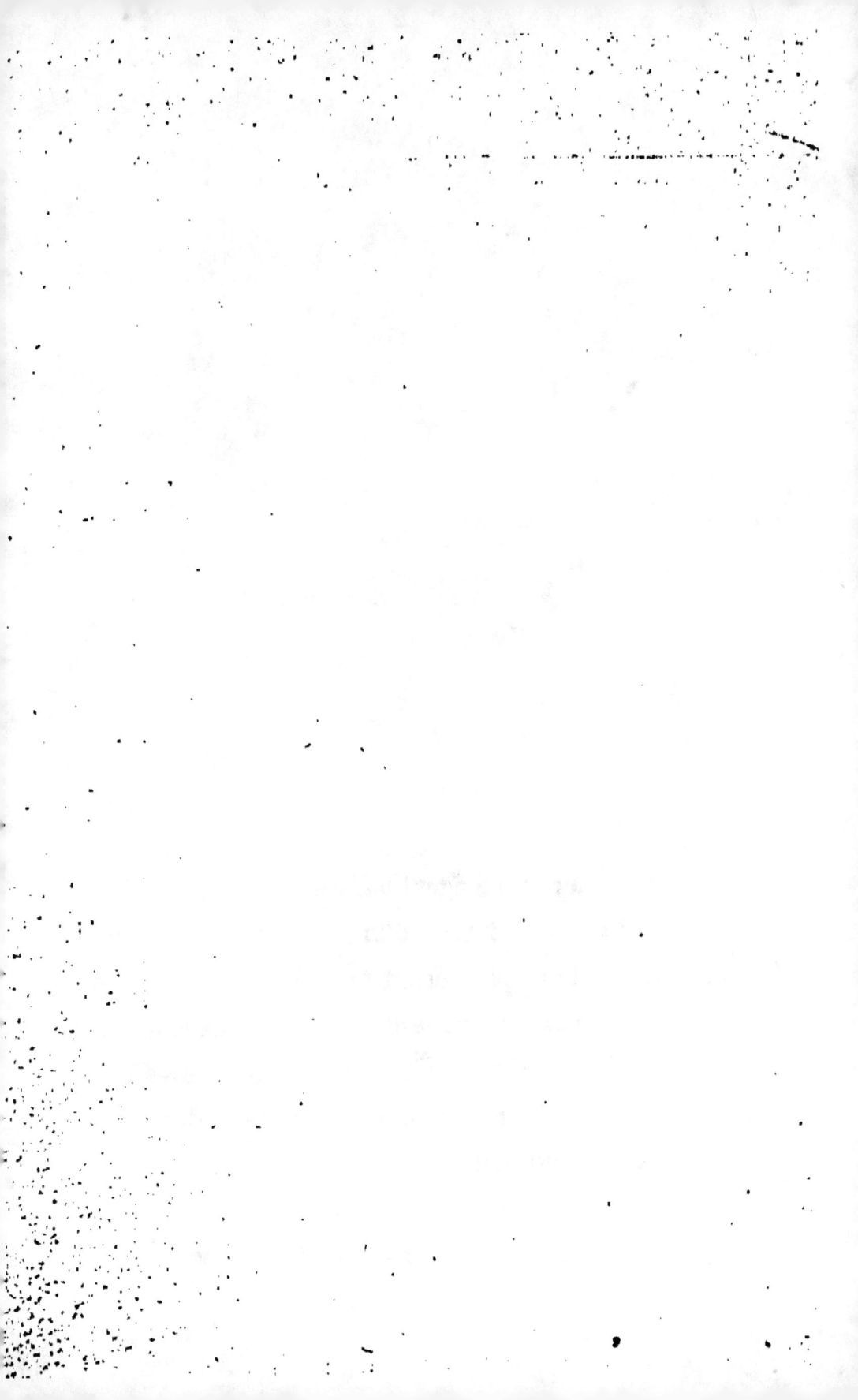

AVANT-PROPOS

L'adoption comme agent balistique par les principales armées de l'Europe d'une substance explosive
dont les effets se produisent sans donner lieu à des
traces apparentes à grande distance et, d'une manière
générale, les perfectionnements de tous genres apportés à l'armement placeront ces armées dans des
conditions réciproques nouvelles que cette étude a
précisément pour but de déterminer.

Mais ce que nous pouvons dire dès à présent, c'est

que l'introduction de l'emploi sur le champ de bataille des poudres sans fumée et à détonation sèche
changera entièrement la physionomie du combat.

Le seul fait de l'absence chez les combattants de
la surexcitation nerveuse spéciale due à des circonstances physiques aujourd'hui disparues suffirait
d'ailleurs pour la modifier gravement.

Plus froidement poursuivies, les rencontres entre
armées présenteront dans leur aspect une sévérité qui
à elle seule constitue une caractéristique suffisante
pour que notre assertion soit admise.

Un peu languissante au début puisqu'elle est appelée à subir le poids des hésitations amenées par la
suppression de l'habituel indice, l'action se développera rapidement dès que la situation aura dépouillé
son caractère indécis.

Alors, bref en ses rares épisodes, le combat futur,
que la nette perception de l'adversaire dans la lutte
rapprochée rendra très meurtrier, précipitera ses
phases.

Il les précipitera, exigeant de tous le concours sans
limites d'une énergie, purement morale puisqu'en
l'absence de toute cause provocante puisant son origine dans les conditions mêmes du milieu le sentiment

du devoir pourra seul la faire naître, assez sûre d'elle-
même pour demeurer sans défaillance devant des
pertes multipliées dont aucun voile désormais n'atté-
nuera l'aspect.

C'est ainsi, dans un tumulte apaisé, qu'un jour pour
un long avenir, nos destinées seront résolues.

LES
COMBATS FUTURS

―――――

INTRODUCTION

Lorsque les armes portatives et le canon étaient tirés avec de la poudre noire, une fumée dense, stationnaire par les temps calmes, indiquait à chacun des combattants les lignes de l'adversaire.

La suppression de cet indice enlèvera donc à l'assaillant la faculté qu'il avait de concevoir dès le début de l'action un plan raisonné, en même temps qu'elle assurera au défenseur les avantages d'un état d'invisibilité relative dont il bénéficiera à des degrés divers dans deux sens différents car pendant une période variable ses dispositions resteront indéterminées pour l'ennemi et, autre avantage, ses coups demeureront forcément sans riposte, au moins efficace.

L'état d'invisibilité du défenseur n'est pas assurément le seul des effets que produira l'emploi des nouvelles poudres, — dans notre avant-propos nous avons rapidement indiqué les autres; — mais il est de beaucoup le plus important et ses conséquences suffisent pour nous contraindre d'apporter des réformes à notre manière de combattre.

Ces réformes, le lecteur les pressent comme nous, mais une analyse rigoureuse de la question qui leur donne origine peut seule nous permettre de formuler à leur propos des vœux logiquement motivés que nous soumettons d'avance à qui de droit.

Le raisonnement viendra ainsi compléter, redresser même s'il en était besoin, les déductions établies sur la considération des faits perçus aux manœuvres d'ensemble qui viennent d'avoir lieu, faits qui ne peuvent avoir du reste qu'une lointaine analogie avec la réalité, la certitude de la sécurité, ou, si l'on veut, l'assurance de l'impunité, suffisant, quelque intelligente rigueur que puissent déployer les arbitres, pour affaiblir au plus haut degré les conséquences de l'état d'invisibilité relative du défenseur, cause de faiblesse pour l'offensive que les renseignements communiqués par le Service de l'aérostation ne pourront jamais qu'atténuer, sans arriver à la faire disparaître.

I

CONSÉQUENCES GÉNÉRALES
DE L'ÉTAT D'INVISIBILITÉ RELATIVE DU DÉFENSEUR

Les remarques générales introductives qui précèdent étant closes, nous arrêtons notre pensée sur un ensemble organisé considérable, sur une armée, et nous supposons que la situation soit la suivante :

Des forces ennemies à peu près égales aux nôtres se sont établies sur une ligne dont, à l'exclusion de tout autre renseignement, l'étendue approximative et l'orientation nous sont connues.

Nous marchons sur la position, et le moment est proche où l'ennemi pourra utilement ouvrir son feu sur nous sans qu'il résulte de ce feu aucun indice propre à nous permettre d'y répondre efficacement et à nous fournir les renseignements qui nous manquent.

Ainsi, au début de l'action, d'une part nous subirons des pertes sans pouvoir en infliger nous-mêmes à l'ennemi et, d'autre part, non seulement nous serons dans l'ignorance des dispositions intérieures de la défense, mais encore la répartition d'ensemble de ses forces sur le front qu'elles occupent — ce front étant purement considéré au point de vue de son développement linéaire — demeurera-t-elle pour nous incertaine.

De ces deux faces d'un même état, nous n'avons dans l'espèce à en envisager qu'une seule, la seconde ; mais les mesures que nous prendrons pour parer aux dangers dont la considération de cette dernière nous révèle la menace, exerceront forcément, et dans un sens qui nous sera favorable, une influence sur l'aspect de l'autre.

Images reflétant les effets d'une même cause, si ces effets viennent à varier dans un sens ou dans l'autre, les aspects des faces de l'état considéré varieront aussi tous les deux et dans le même sens.

Si par exemple nous n'engageons nos forces que peu à peu et à mesure que nous prenons connaissance des dispositions de l'ennemi, nous ne serons pas exposés, d'abord, à nous jeter dans quelque voie fausse qui nous mènerait inévitablement à un désastre puisque notre prudence nous soustrait au danger qu'il y a d'affronter aveuglément les périls non mesurés d'un milieu inconnu et par nature plein de surprises, puis, nous réduirons nos pertes au strict minimum possible car, en agissant ainsi, nous n'offrons aux coups de l'ennemi que le nombre d'unités rigoureusement nécessaire au développement d'une action que, dans les limites d'une prudente initiative, nous pouvons diriger à peu près librement, ou, en modifiant très légèrement l'ordre d'idées, indispensable à la satisfaction des exigences des situations successives amenées par la transformation graduelle de nos initials desseins, transformation d'ailleurs prévue et qui n'est que normale puisque, pour ainsi dire incessamment, nous avons à tenir compte d'éléments d'appréciation nouveaux.

Mais, avant de prendre aucune mesure, supposons la lutte engagée, élevons-nous par la pensée au-dessus de l'horizon et considérons le spectacle qui, rationnellement, doit se dérouler sous nos yeux.

Le combat auquel nous assistons peut tour à tour être considéré au point de vue :

De l'objet stratégique dans lequel l'action engagée puise tout à la fois son origine et sa raison d'être ;

Des formations et des dispositions relatives entre elles, des unités constitutives d'une même armée ;

Des périodes que l'action traverse et, dans chaque période, des moments qu'elle peut offrir à l'observation ;

Des procédés et moyens ayant le succès pour but dont les armées adverses usent l'une contre l'autre.

Enfin, des phases par lesquelles l'attaque doit généralement passer sans y être d'ailleurs assujettie lorsque le combat décisif s'engage sur un point donné.

Au point de vue de l'objet stratégique du combat, les enseignements qui pourraient éventuellement nous être suggérés par la considération des faits perçus ne sauraient avoir d'autre valeur que celle d'une simple indication.

Car si, tactiquement parlant, les conséquences de l'état d'invisibilité du défenseur doivent nécessairement exercer un changement dans l'aspect du combat, plus ou moins appréciable suivant les circonstances, mais d'un caractère absolu et constant, ces mêmes conséquences n'exerçant indirectement dans le domaine stratégique qu'une influence très rare, — mais qui sera chaque fois considérable quand elle viendra à se manifester, — l'on devra tenir pour exceptionnelle toute modification inharmonique au point de vue stratégique apportée à l'aspect du combat tel qu'il aurait été avant que ces conséquences n'interviennent.

Si nous recherchons les motifs qui nous ont amené à formuler comme instinctivement ces réserves restrictives, nous reconnaîtrons qu'ils reposent sur la considération des propositions suivantes que nous n'avions pas été à même tout d'abord de saisir dans toute leur étendue et dans toute leur valeur.

Étant donné une situation stratégique réciproque déterminée entre deux armées, la préoccupation qu'elles ont l'une et l'autre d'en tenir compte ne se manifeste avec évidence sur le champ de bataille que s'il s'agit de masses considérables.

Dans une grande armée, la distribution des emplacements et des rôles assignés à ces ensembles partiels, qui sous le nom d'aile droite, d'aile gauche, de centre, de réserve, comprendront dorénavant plusieurs corps d'armée, sera la plupart du temps la conséquence de l'application de desseins généraux basés sur cette situation.

Au contraire, l'ensemble organisé devient-il plus faible, s'agit-il d'un corps d'armée isolé par exemple, bien que la préoccupation de tenir compte de la situation stratégique n'ait pas des deux côtés cessé d'être; sa manifestation extérieure sera peu apparente et s'effacera de plus en plus jusqu'à devenir insensible à mesure que les forces en présence décroîtront d'importance constitutivement et numériquement.

Elle cessera même de se faire jour, cette manifestation, si la préoccupation disparaît elle-même pour faire place à une préoccupation d'un genre différent, ce qui peut avoir lieu quand les exigences stratégiques sont en contradiction avec les exigences tactiques, ces dernières s'imposant avec d'autant plus de force à l'unité agissante qu'elle est d'un ordre moins élevé.

Ce qui revient à dire que nous ne serons en droit d'attribuer, le cas échéant, aux seules conséquences de l'invisibilité du défenseur une modification donnée inharmonique au point de vue stratégique que dans le cas où nous aurions sous les yeux une armée nombreuse, ensemble organisé puissant qui a toujours joui logiquement jusqu'ici, quand il y avait contradiction entre l'intérêt stratégique et l'intérêt tactique, d'une certaine indépendance vis-à-vis du deuxième de ces intérêts.

Dans un autre ordre d'idées, en supposant que la condition qui précède soit remplie, si la bataille qui se livre est une bataille préméditée, aucune modification inharmonique au point de vue stratégique ne pourra se produire, quel que soit le nombre des combattants. Le parallèle que nous établissons entre les batailles préméditées et les batailles de rencontre justifiera notre assertion.

En effet, si la lutte a été préparée par les deux adversaires, si les dispositions prises pour l'engager ou pour la soutenir, et dans une certaine mesure de chaque côté pour la poursuivre, ont donné lieu à l'établissement d'un plan plus ou moins longuement élaboré ayant pour base une situation stratégique non modifiée depuis un certain temps, — circonstance

qui s'accuse toujours d'une manière significative par
une symétrie manifestement voulue dans l'ordonnance des troupes, — et qui suppose l'immobilité
préalable à la lutte de l'un des deux adversaires, l'aspect de la bataille, même dans les conditions nouvelles, ne pourra être qu'en harmonie avec cette
situation stratégique.

Dire que la lutte a été préméditée, c'est dire sous
une forme résumée d'une part que la défense offre le
débat dans des conditions qu'elle estime tactiquement et stratégiquement comme aussi favorables que
possible à sa cause, conditions qu'elle a d'ailleurs à
peu près librement arrêtées en ce qui concerne les
considérations tactiques, et d'autre part que l'assaillant n'accepte ce débat qu'après avoir mûrement étu-
dié la situation qui lui est faite et qu'il ne se décide
à l'entamer qu'après s'être rendu un compte exact
de la valeur des moyens qu'il se propose de mettre
en œuvre pour obtenir gain de cause.

L'action s'ouvre en provoquant dans l'un et l'autre
camp des espérances rationnellement motivées, car
la défensive présente le problème qu'elle pose à l'adversaire après avoir pris soin d'attribuer à chacune
de ses données une valeur convenable pour que la so-

lution tourne à son profit, quelle que soit, du reste,
la manière dont ce dernier cherche à le résoudre, et
l'offensive de son côté a tout le temps de choisir avec
plein discernement une solution parmi les solutions
généralement nombreuses qui sont susceptibles d'être
appliquées à une question dont la satisfaction de ses
desseins ultérieurs la met dans l'obligation de rechercher le dénouement, bref de prendre une détermination en pleine connaissance de cause.

Pour la défense : liberté entière des dispositions ;
pour l'attaque : indépendance complète dans l'initiative des résolutions.

C'est comme un duel en champ clos, car le combat s'engage sous une forme qui ayant été pour ainsi
dire tacitement débattue est acceptée maintenant et
considérée comme inéludable, mais un duel d'un
genre particulier, puisque les deux adversaires ont
mutuellement connaissance de l'attitude qu'ils se
proposent d'adopter au moins pour un temps l'un
vis-à-vis de l'autre et inversement.

Au cours de cette bataille préméditée, l'intervention du nouvel agent balistique ne saurait produire
que des effets directs. Elle modifiera gravement,

comme cela est inévitable, l'aspect et la physionomie
du combat, mais elle n'en altérera pas les grandes
lignes majeures conventionnelles ; disons mieux, elle
sera impuissante à provoquer par ses conséquences
indirectes la rupture de la trêve stratégique sous-
entendue qui a été momentanément consentie par
les deux partis afin de pouvoir librement dénouer
par les armes leur présente situation réciproque.

Il pourra en être tout autrement si le choc qui
amène la lutte résulte de la rencontre de deux armées
en marche que des mouvements voulus ou imposés
ont pour effet de mettre aux prises.

Nous ferons remarquer nous-même, avant d'entamer toute démonstration, que, tactiquement parlant,
la suppression de l'indice habituel n'aura généralement, bien que le fait puisse paraître étrange au premier
abord, pas de conséquences aussi complètes dans une
bataille de rencontre que dans une bataille préméditée.

Dans le premier cas, les armées sont en mouvement l'une et l'autre, et leurs déploiements se font
sous une forme successive qui permettra fréquemment
aux unités en présence de prendre connaissance des
emplacements occupés par les forces qui leur sont

directement opposées ; tandis que dans le second, au moment où les troupes de l'offensive, après avoir procédé à leur déploiement toujours exécuté loin de l'ennemi, aborderont simultanément la zone sur laquelle la lutte va s'engager, ces troupes ne sauront rien des corps ennemis correspondants qui, couverts par des lignes légères, les attendent immobiles.

Si nous poursuivons à grands traits la comparaison, nous dirons qu'au moment où une bataille préméditée s'engage, la situation est la suivante :

Les résultats des reconnaissances ont permis de déterminer l'orientation et l'étendue du front occupé par l'ennemi, de se rendre compte même dans une certaine mesure des dispositions générales de l'adversaire et d'apprécier ses ressources numériques avec une approximation suffisante pour que la donnée recueillie ait une valeur pratique ; mais en ce qui touche les dispositions de détail du parti opposé, celle des deux armées qui agit offensivement est dans une ignorance complète, ignorance qui sera longue à se dissiper puisque l'ennemi se dérobe derrière des retranchements, — d'un relief très faible de manière qu'ils ne puissent être distingués aux grandes distances et qu'ils n'apportent aucune gêne à ses mouvements s'il est amené à passer de la défensive à l'offensive pour revenir encore, si besoin est, à la défensive, — bénéficiant ainsi, quand le feu est ouvert, d'une double invisibilité relative.

Pour ne pas laisser inachevée une esquisse dont le rapide tracé n'est pas sans importance, car s'il nous a été utile à nous-même en nous servant de guide dans nos travaux, il contribuera maintenant à établir près de ceux qui nous lisent la justesse des divisions que nous avons introduites dans cette étude, chacune de ces divisions correspondant à l'une des périodes que nous signalons, nous ajouterons que l'état d'invisibilité ici très caractérisé du défenseur aura pour effet de donner aux batailles préméditées dans leur première période l'aspect d'une vaste reconnaissance offensive plutôt que celui d'un combat proprement dit et nous dirons en terminant que l'action un peu traînante au début s'élèvera promptement avec violence quand cet état d'invisibilité aura disparu pour aboutir à quelque attaque générale dont l'issue aura politiquement et moralement avec les grandes armées modernes des résultats incalculables.

Cette description sommaire d'une bataille préméditée suffira dans tous les cas pour faire comprendre que dans un intérêt didactique il nous ait paru préférable de viser dans notre exposition au cours des chapitres qui font suite une bataille préméditée plutôt qu'une bataille de rencontre dont le genre, trop fluctuant pour comporter un type bien arrêté, se prête mal à l'analyse.

Dans les batailles de rencontre en effet, la différence entre les périodes — s'il est possible d'en distinguer les limites — sera moins nettement tranchée.

Les deux adversaires pourront demeurer dans une situation indécise et vague pendant une journée entière qui maintes fois prendra fin sans qu'aucun dénouement au moins incontestable n'intervienne, fait facilement explicable, car il suffit d'observer que si les armées adverses ont connaissance de très nombreux détails considérés isolément, l'ensemble, naturellement un peu diffus puisqu'il a été formé par voie d'adjonctions successives aux faibles troupes qui en ont constitué les premiers éléments, peut quelquefois leur échapper, cet ensemble ne formant du reste un tout achevé qu'après un temps assez long dont le terme correspond à l'entrée en ligne des unités de queue des colonnes.

Les remarques précédentes s'adressent, il est vrai, à un état déjà ancien qui a été sensiblement modifié par les perfectionnements apportés à la préparation et à l'exécution des marches.

L'utilisation mieux entendue du réseau routier correspondant à un front de marche donné, le parcours à travers champs admis maintenant en principe pour les troupes qui n'attellent pas de matériel de combat proprement dit, en donnant la facilité de multiplier le nombre des colonnes, l'emploi récemment devenu réglementaire de certaines formations, en réduisant la profondeur de chacune d'elles, considérée isolément, auront pour effet d'amener les déploiements à s'effectuer dans des conditions d'ordre et de rapidité que nos devanciers n'ont pas connues.

Ces perfectionnements permettront assurément de donner au combat, dans un temps plus bref qu'autrefois, tout le développement qu'il comporte, puisque chacun des deux adversaires fait mouvoir ses troupes en transportant parallèlement à lui-même son ordre de bataille tout préparé ; cependant les résultats des progrès accomplis — et c'est ici que commence la démonstration tendant à établir la possibilité d'une

modification inharmonique au point de vue stratégique
— seront considérablement réduits par les conséquences de l'état d'invisibilité dont bénéficiera celui
des deux adversaires qui volontairement ou non se
renfermera dans le rôle défensif, ces conséquences
rétablissant par leur association avec celles qui résultent d'un état dont la portée a été largement atténuée mais qui n'a pu entièrement disparaître puisqu'il
est inhérent à la nature essentiellement considérée des
batailles de rencontre, le caractère d'indécision qui
est propre aux batailles de ce genre.

Comme nous nous sommes empressé de le reconnaître, la suppression de l'indice habituel ne produira
pas au début de l'action, c'est-à-dire pendant un temps
variable mais limité, des effets aussi complets que si
la lutte eût été préparée ; mais comme elle ne cessera
pas, bien que sous une forme moins radicale, de produire ces mêmes effets, cette suppression contribuera
puissamment — les effets qu'elle cause se recréant
pour ainsi dire eux-mêmes — à ajourner indéfiniment
l'application du seul moyen propre à faire disparaître
le caractère hésitant qu'elle donne au combat ou, traduisons, à reculer au delà des limites entre lesquelles
il serait fréquemment opportun pour celui des deux

3

adversaires qui agit offensivement qu'elle fût placée, l'heure de l'exécution d'une attaque d'ensemble que cet adversaire n'osera pas tenter.

D'autre part, il peut se présenter des situations telles qu'un dénouement ne puisse être différé.

Non seulement il faut, — et en donnant au sens impératif de l'expression toute sa valeur, — il faut combattre, mais il faut entamer le combat sans délai, car on ne dispose que d'un nombre d'heures étroitement limité pour en déterminer l'issue dans des conditions qui permettent d'espérer le succès, toutes obligations rigoureuses qui, soit dit en passant, ne sauraient s'appliquer à une armée qui livre une bataille préméditée, car en la livrant elle fait acte de volonté, acte exclusif par conséquent de toute idée de contrainte : l'un des deux adversaires offre la bataille et celui auquel appartient l'initiative de l'attaque est toujours libre, si l'on considère un temps court comme il convient de le faire dans l'occurrence, de ne pas user de cette initiative.

De plus, une issue indécise et contestable équivaudrait à un échec, si par suite des mêmes circonstances, prévues, inévitables, dont l'intervention est imminente, celui des deux adversaires auquel la nécessité de combattre s'impose doit être mis forcément hors d'état, si cette issue est douteuse, de renouveler la lutte.

C'est dans de pareilles conditions, rares il est vrai, mais qui ne sont pas sans exemples, qu'une armée engage une bataille dont nous pouvons suivre les péripéties.

Un fait nous frappe tout aussitôt.

L'action, au lieu de suivre un cours vif et même un peu précipité comme il serait naturel, ne se développe qu'avec difficulté, les causes retardatrices dont nous constatons les effets puisant toutes, comme nous en avons bientôt la certitude, leur origine dans l'état mal défini où demeurent pour l'offensive les dispositions de l'ennemi.

Les heures s'écoulent et la situation ne se modifie pas sensiblement.

Or, s'il en est ainsi, comme les causes retardatrices qui sont inhérentes à la nature des batailles de rencontre doivent forcément, si l'on suppose qu'elles soient dégagées des causes associées nouvelles, disparaître et dans un temps assez court par suite des progrès réalisés, nous serons en droit d'affirmer que l'état d'invisibilité dont profite aussi largement que possible l'armée qui observe la défensive — son intérêt à elle par contre-partie étant de retarder le plus possible l'issue de la lutte elle se maintiendra généralement dans une attitude purement passive — joue à partir d'un certain moment un rôle non plus seulement prépondérant, mais le rôle unique, dans l'ensemble de ces causes retardatrices, agissant ainsi à la manière d'une constante dont la valeur continuerait à peser d'un poids invariable, alors que celle des autres facteurs de même sens décroîtrait peu à peu jusqu'à devenir nulle.

Les conséquences de cet état d'invisibilité suffisent donc à elles seules pour mettre l'assaillant dans l'impossibilité rationnelle d'exécuter une attaque à fond et par suite pour amener finalement sa perte, le fait seul du maintien prolongé de l'état d'hésitation qu'elles provoquent étant de nature, dans le cas qui nous occupe, à la causer.

Toutefois, ces conséquences n'agissent pas d'une manière uniforme sur toutes les parties du champ de bataille, et si dans leur ensemble elles impriment au combat un ralentissement qui peut être fatal à l'un des deux adversaires, les conditions topographiques, suivant qu'elles sont plus ou moins favorables à l'observation, font varier pour chaque lieu le contingent apporté à leur valeur totale déterminante.

Donc, si, dans une semblable situation, nous sommes amené au cours du combat à transporter l'action décisive sur une partie du champ de bataille dont les conditions topographiques soient telles que les embarras qui résultent pour nous de l'invisibilité de l'ennemi soient largement atténués par la configuration du terrain et qu'ainsi cesse pour nous un état naturel d'hésitation dont jusque-là nous n'avions pu nous affranchir, car, ignorant tout des dispositions de l'adversaire, nous n'étions pas à même de prendre un parti définitif raisonné, c'est légitimement, en supposant que des considérations stratégiques majeures soient de nature à nous interdire en principe de transporter l'action décisive sur cette même partie du champ de bataille, que nous dirons :

Les conséquences de l'adoption du nouvel agent balistique sont allées jusqu'à provoquer des mouvements en désaccord avec une situation stratégique donnée et, par suite, à produire une modification

inharmonique à ce point de vue dans l'aspect du
combat tel qu'il aurait été avant que ces conséquences
n'interviennent.

Ce qui précède étant assez délicat, nous appuierons
notre démonstration par l'exemple ci-après :

Deux armées, A et B en sont arrivées, à la suite de
certaines opérations qui ont été presque constamment
malheureuses pour l'une d'elles, B, à livrer bataille
dans le proche voisinage de la frontière belge.

Dans le cas où elle se terminerait par la défaite de
B, cette bataille mettra probablement fin aux hostilités, au moins sur ce théâtre d'opérations.

A poursuivait B dans la direction de l'Est lorsque
B a été informé, par le service des renseignements du
grand quartier général, que A devait recevoir sous
peu des renforts importants, particulièrement en
cavalerie, fait dont l'accomplissement changera entièrement les conditions dans lesquelles la retraite de
B s'effectue.

La lutte étant désormais inévitable, B a tout intérêt à ce qu'elle se produise avant que ses chances
d'insuccès s'accroissent par trop démesurément.

Il se dérobe par une marche forcée à l'étreinte

immédiate de A, afin de prendre avec quelque liberté des dispositions convenables à ses desseins, puis, faisant volte-face, passe à l'offensive et se porte à la rencontre de l'ennemi.

Au moment où les deux armées se retrouvent tactiquement en contact, leurs fronts sont à peu près perpendiculaires à la frontière dont la distance aux ailes extrêmes est à peine de 2 à 3 kilomètres.

L'armée jusqu'ici victorieuse exécute son déploiement tout en maintenant strictement sur la défensive les forces qu'elle met successivement en ligne, car elle a tout intérêt à retarder le plus possible l'heure décisive, afin de pouvoir combattre avec tous ses avantages, les renforts qu'elle attend lui ayant été signalés.

Au contraire, la situation de B est telle moralement et militairement qu'il est obligé de procéder, sans perdre une minute, à la plus vigoureuse offensive.

On estimera, je pense, que la considération relative au soin qui préoccupe les deux adversaires d'éviter de se laisser acculer à la frontière belge, constitue une considération stratégique de premier ordre.

Cette considération s'impose plus particulièrement à B qui est faible, mais qui ne l'est cependant pas à ce point qu'il ne puisse trouver son salut que dans une neutralisation.

C'est dire que B sera naturellement amené à engager l'action de telle sorte que le combat décisif se développe dans la partie Sud du champ de bataille, car, s'il échoue dans son attaque, il lui sera peut-être loisible de se jeter dans la direction du Sud-Est pour reprendre ultérieurement son mouvement de retraite vers l'Est, tandis que, s'il porte le combat vers la gauche de l'adversaire, il suffira, dans le cas où il essuierait un insuccès, que l'armée A exécute un changement de front, face au Nord, pour que lui, B, se trouve, par suite de l'insuffisance de la profondeur de la zone dans laquelle il devra se mouvoir, dans l'impossibilité de manœuvrer, circonstance qui l'amènera infailliblement, s'il veut éviter une destruction complète, à franchir la frontière du pays neutre.

Or, le terrain sur lequel prennent position les troupes de la droite de A, au fur et à mesure qu'elles entrent en ligne, est plat et couvert. Lorsqu'un observateur faisant face à l'Ouest, c'est-à-dire placé comme l'est l'armée B, considère cette partie du champ de bataille, ce n'est pas la lisière unique d'une forêt qu'il aperçoit, mais les lisières successives de massifs boisés considérables, irrégulièrement disposés, mais formant dans leur ensemble un hémicycle immense faisant face au Nord-Est, dont par conséquent la branche la plus rapprochée de B est la branche Sud, condition qui serait certainement avantageuse à ce dernier s'il pouvait procéder avec une lenteur méthodique dans son attaque, mais qui, au contraire, lui sera présentement défavorable car dans la nécessité rigoureuse où il est — les heures sont comptées pour lui — d'attaquer de suite sur un grand front de manière à donner sans tarder à l'action un développement considérable, ses troupes se trouveront pendant les premiers moments, par suite de la disposition naturelle décrite, exposées à des feux de face, de flanc et de revers.

B passe outre à ces considérations et attaque.

Ses pertes sont très lourdes dès le début, mais il espère que bientôt, les dispositions de l'ennemi venant à lui être révélées par le développement même du combat, il pourra, modifiant s'il est nécessaire son plan initial qui faute de reconnaissances suffisantes n'a pu qu'être assez mal assis, diriger de manière à le faire aboutir à un résultat heureux ce combat offensif que la situation dans laquelle il se trouve vis-à-vis de

son adversaire et aussi vis-à-vis de lui-même, moralement parlant, lui impose de livrer sans délai.

Dans une pareille situation qui sollicite au plus
haut degré les facultés pénétrantes de B, le moindre
indice lui suffirait, il le sent, pour l'éclairer et lui
indiquer la voie à suivre.

Si les détonations des armes produisaient encore
de la fumée, les molles vapeurs blanchâtres qui s'at-
tachaient longuement et comme si obstinément aux
lisières boisées indiqueraient à B par leur seule présence les dispositions de l'adversaire; leurs lignes
aux contours indécis décriraient les saillants et les
rentrants, marqueraient les courtines et les bastions,
dévoileraient enfin les parties faibles de ce front défensif naturel que l'ennemi organise de plus en plus
solidement, et en résumé guideraient l'attaque.

Mais la fumée est absente et l'ennemi demeure in-
visible.

Assurément, dans toute autre position que celle où
se trouve B, cette situation normale en somme ne serait pas sans remède.

L'offensive pourrait par exemple substituer à l'attaque proprement dite une vaste reconnaissance préalable, conduite suivant l'une des méthodes que nous

nous réservons d'exposer ou, différant l'action, manœuvrer de manière à donner à la base sur laquelle il appuiera ses futures attaques une orientation différente de celle de sa base primitive, mouvement qui aurait nécessairement pour effet de déplacer le combat, car l'armée A serait contrainte de lui faire face.

Mais, ni le premier ni le second de ces deux partis, ni aucun autre du même genre, n'est susceptible d'être appliqué à la situation présente qui n'admet qu'une solution rapide et immédiate.

Certes, au moment où B comprit qu'il fallait engager au plus vite la lutte suprême avec A, il eût dû la plus intelligemment préparer.

Plus avisé, il n'aurait pas manqué, en prenant comme base de ses calculs la vitesse de A qu'il lui était facile de faire observer, de régler d'avance en les combinant sa marche dans un sens et sa marche rétrograde dans le sens directement opposé de manière à aborder l'ennemi dans des conditions qui, tout en sauvegardant un intérêt stratégique supérieur sur lequel nous ne reviendrons pas, fussent par la nature des lieux favorables à son action offensive et il lui importait d'autant plus de s'assurer le bénéfice de ces conditions qu'il savait d'avance que, du mo-.

ment où il prenait — d'ailleurs très opportunément
— la résolution de livrer bataille, il ne pourrait en
aucun cas, après un commencement d'exécution, se
dérober à l'obligation d'accomplir ses desseins coûte
que coûte.

Cependant il est urgent de prendre un parti, car
indépendamment que la situation est intolérable absolument parlant, il est d'un intérêt capital pour B
que la lutte se dénoue avant que les renforts attendus
par A n'interviennent.

Or l'aile gauche de cette dernière armée s'est déployée dans une vaste plaine nue et découverte, çà et
là jalonnée par des monticules isolés.

Dans de semblables conditions topographiques,
les avantages assurés à la défense par la disparition
de l'indice habituel sont peu sensibles, car il est possible de prendre des vues sur ses dispositions.

Aussi B renoncera-t-il vraisemblablement à son
plan primitif. Il ramènera peu à peu en arrière les
troupes de son aile gauche dont le rôle deviendra
bientôt simplement démonstratif et livrera le combat
décisif dans la partie Nord du champ de bataille,
c'est-à-dire là, sur un terrain, où par suite de la proxi-
mité de la frontière les conséquences d'un échec

seront inévitablement désastreuses, mais où au moins la lutte n'est pas forcément sans espoir.

L'intervention du nouvel agent balistique aura donc été assez puissante pour déterminer un mouvement général irrationnel stratégiquement parlant et l'aspect du combat sera bien, au point de vue stratégique comme au point de vue tactique, différent de celui sous lequel il se serait présenté à l'observateur avant cette intervention ; résultat forcément étranger à toute bataille préméditée, car si la lutte eût été préparée, comme par un tacite accord, les deux armées eussent évité de combattre dans des conditions stratégiques dont le caractère fâcheux est commun aux deux adversaires, de s'exposer à un danger indépendant absolument parlant de l'action qu'elles se proposent réciproquement d'exercer l'une contre l'autre.

Peut-être, en parcourant les lignes qui précèdent, a-t-on fait cette réflexion que nous établissions entre la stratégie et la tactique une distinction un peu bien formelle.

Nous convenons volontiers que les nécessités de notre exposition nous ont amené à attribuer en principe aux limites qui les séparent un caractère de netteté que la connexité des deux ordres d'idées ne comporte pas.

Cependant, aussi empressé qu'il puisse être, notre aveu n'ira point jusqu'à considérer comme le terme achevé de la forme didactique en ce qui concerne la science de la guerre l'état d'indétermination dans lequel ont été laissés leurs respectifs domaines dans des études universellement connues, d'avance consacrées comme célèbres et appelées sans nul doute à exercer pendant de longues années sur la direction du courant intellectuel propre à cette science une influence dominante, état que la présence vraiment quelquefois un peu contrainte du mot « tactique » dans le titre de quelques-unes d'entre elles, ne pouvait que rendre plus accusé encore, car, de même qu'il ne suffit pas, pour donner à un ordre d'idées une ampleur dont il est dépourvu par essence, de grandir par une épithète les objets auxquels il s'adresse, il semble peu naturel aussi d'avoir, par une diminution de la valeur significative habituellement attribuée au mot qui l'exprime — acte dont la légitimité est à peine établie au simple point de vue étymologique — restreint, comme par opposition, son sens dans des proportions telles que l'on ait pu considérer comme admissible de l'accoler à des appellations désignatives d'ensembles de choses et de faits qui, bien que militaires par genre, n'ont qu'un rapport éloigné avec le combat; détails de nulle importance au fond, dont la valeur relative apparente puise, on peut le dire, exclusivement son origine dans l'influence directrice considérable de l'œuvre elle-même, mais qui ne sont point faits toutefois pour donner de l'étendue normale du champ de l'ordre d'idées que ce mot représente dans son acception unanimement admise un sentiment bien clair.

La stratégie et la tactique ont bien en effet chacune leur domaine propre et il n'est besoin d'aucune argumentation pour établir cette vérité que, si je combine mes mouvements avec une armée alliée de manière à faire ma jonction sur un point donné et à un jour donné avec cette armée, mon esprit évolue dans un ordre d'idées différent de celui dans lequel il est appelé à se mouvoir quand chaque jour je recherche les dispositions qu'il convient de prendre pour assurer la sécurité des marches quotidiennes que ces mouvements combinés m'imposent; la même réflexion étant applicable au cas où je mettrais en parallèle le travail cérébral qui est provoqué chez moi par la conception des mouvements qui me sont im-

posés du fait de la substitution d'une base d'opérations à une autre, en supposant, par exemple, que
commandant un corps de débarquement et m'appuyant sur la côte je doive désormais rattacher mes
communications à la frontière continentale et celui
auquel je me livre en préparant l'exécution d'un plan
dont voici l'énoncé succinct : occuper une position
provisoire, opposer à l'ennemi une résistance feinte
et l'amener peu à peu tout en combattant à livrer
bataille sur un terrain connu et préparé.

De plus, s'il est chimérique de chercher à définir
rigoureusement en les isolant l'une de l'autre d'une
manière formelle la stratégie et la tactique, il est
désirable dans tous les cas que l'on en arrive à rem-
placer les définitions ayant cours par des définitions
reposant sur des bases mieux distinguées.

Les difficultés qui s'opposent à l'accomplissement
de ce progrès sont indéniables, car dans des cas
nombreux les limites qui séparent les deux ordres
d'idées prennent l'apparence d'une vaste zone intermédiaire dans laquelle il semblerait que fût comprise la question elle-même qui provoque l'illu-
sion.

Mais ces difficultés ne sont pas insurmontables, et

si l'on se donne la peine de considérer l'une des questions de ce genre successivement sous toutes les faces qu'elle peut présenter utilement à l'observation, elle se révélera toujours à un moment donné sous un aspect — fréquemment inattendu — qui déterminera son attribution à l'un ou à l'autre des deux ordres.

Or nécessairement, cette opération intellectuelle convenablement répétée devant avoir pour résultat de provoquer mentalement la réunion en groupes distincts et comme opposés l'un à l'autre de toutes les questions que l'on a éprouvé jusqu'ici quelque embarras à classer, groupes auxquels on arrivera peu à peu par la suite à rattacher, d'un trait, sans hésitation, — recueillant ainsi les bénéfices de cette gymnastique de l'esprit, — toutes les questions qui, surgissant à leur tour en nombre indéfini auraient donné lieu autrefois à un apparent conflit, le travail nécessité par la recherche d'une définition plus satisfaisante se trouvant en fait incessamment poursuivi, se réduira dès lors à un moment donné au choix raisonné d'une forme aussi claire et aussi saisissante que possible.

Mais sans pousser plus loin cette exposition, nous

entrerons pour n'en plus sortir dans le domaine
de la tactique, et nous nous maintiendrons dans la
partie de ce domaine qui est trop distante des limites
communes, trop éloignée de l'au-delà si l'on veut,
pour que la confusion soit possible.

Si reprenant notre poste d'observation nous considérons le combat au point de vue des dispositions
relatives entre elles des grosses unités, corps d'armée
et divisions, nous ne constatons aucun changement.

Mais le champ de nos observations vient-il à être
volontairement limité, plusieurs circonstances nouvelles nous frappent immédiatement. Considérons
dans l'ordre de bataille de l'armée qui agit offensivement une unité déterminée, une division par exemple :

Sur le front d'action qui est dévolu à cette unité,
front plutôt réduit qu'agrandi, — fait dont nous dé-
montrons le caractère nécessaire au chapitre III de cette
étude et dont la contradiction avec l'état nouveau créé
par l'augmentation de la portée des armes ne saurait
s'établir que pour un observateur peu attentif, car
notre examen nous amène presque aussitôt à reconnaître que la division n'a mis en première ligne qu'un
nombre très restreint de bataillons, bénéficiant ainsi

à leur propos, puisqu'elle n'hésite pas à étendre le front d'action de chacune de ces unités d'ordre inférieur prise séparément au delà des limites anciennes, de la supériorité de l'armement en service sur celui qu'il remplace, — le front de combat n'est garni pendant la première période que par de faibles troupes fractionnées suivant des dispositifs jusqu'ici inusités dont l'économie nous semble reposer sur l'idée de la démonstrative, mais de la démonstrative modifiée en ce sens qu'elle est devenue agissante et provocatrice.

Les forces constituant la première ligne demeurent en majeure partie immédiatement maintenues sous la main du chef de cette ligne, prêtes à intervenir, en se portant dans les intervalles existant entre le front de combat de leur division et ceux des divisions voisines ou en renforçant directement la ligne démonstrative, soit par fractions si le combat se développe avec régularité, soit en totalité si, comme tout cet ensemble humain paraît s'y attendre, — subissant sans doute quelque défiance instinctive, — l'action engagée prenait avec une violence soudaine un caractère grave sur un point donné.

C'est assurément pour parer à une telle éventualité que la deuxième ligne est très rapprochée de la première.

Les divisions des ailes ont pris les précautions d'usage. Cependant, le caractère préventif des dispositions qu'elles ont adoptées pour assurer la sécurité de la ligne à ses extrémités est moins accentué qu'il n'était autrefois ; seules, quelques rares unités ont pris une formation échelonnée.

Nous aurons sans doute plus tard occasion de distinguer les motifs qui ont amené l'un et l'autre adversaire à réduire le nombre de ces unités.

Dans ces divisions des ailes comme dans toutes les autres, la disposition des brigades entre elles est uniforme : nous voyons partout une brigade en première ligne et une brigade en deuxième ligne, car on a renoncé en principe à la formation par brigades accolées dans le but d'éviter, autant que faire se peut, les engagements prématurés dont les conséquences peuvent devenir aujourd'hui particulièrement fâcheuses, l'ennemi demeurant longtemps mal discerné et ses dispositions imparfaitement connues.

Au point de vue des périodes que le combat traverse et, s'il est possible de décomposer ces périodes,

des moments qu'elles présentent à l'observation, le résultat de nos remarques est le suivant :

Le combat n'a compris que deux périodes, l'une de beaucoup la plus longue des deux qui correspond à la reconnaissance faite sous la forme démonstrative-offensive que nous avons indiquée, reconnaissance exécutée par les échelons les plus avancés des troupes de première ligne peu à peu renforcés, l'autre au cours de laquelle a lieu le combat proprement dit.

La première période ne peut être qu'assez confuse dans son aspect, puisque c'est pendant sa durée que l'offensive procède aux recherches, aux tâtonnements, aux tentatives qu'elle juge nécessaires; mais elle est très nette dans ses contours, car c'est également l'une de ses caractéristiques de se terminer brusquement dès qu'un fait saillant de nature à éclairer une situation obscure jusque-là vient à se manifester.

Au cours de la deuxième, les événements dirigés à peu près librement par l'offensive se succèdent avec une rapidité dont la substitution à la lenteur du début constitue dans l'allure du combat un changement qui sera généralement favorable à cette dernière, en ce sens qu'il peut devenir déconcertant pour la défense, mais dans lequel il convient moins toutefois de

voir une habileté que la satisfaction d'un besoin moral éprouvé par l'offensive qui inconsciemment oppose, par une naturelle antithèse à la longue période
d'expectative qu'elle vient de subir, une période d'activité dans laquelle se détendent librement ses impatiences accumulées.

Dans cette seconde et dernière période, il y aura
lieu le plus souvent de distinguer deux moments :

Pendant le premier, l'offensive, qui sait maintenant où elle va et comment elle veut, procédera,
presque toujours simultanément, à toutes les attaques
dont l'exécution est nécessaire pour faciliter l'occupation de l'objectif principal.

Le second correspond à la crise finale qui pour
l'offensive se traduit par l'exécution de l'attaque dirigée contre cet objectif.

On conçoit, sans insister davantage, que dans le cas
particulier où il n'y aurait pas d'objectifs secondaires
à occuper — circonstance qui sera du reste assez
rare — la deuxième période se réduirait à un moment unique.

L'économie des procédés employés par l'offensive
n'a pas changé au fond.

Le combat offensif comprendra toujours en principe un combat démonstratif et un combat décisif.

Il y a de ces habiletés évidentes que le bon sens promène avec indifférence à travers le temps et dont il est constamment prêt à offrir sans partialité les bénéfices à tous ceux qui veulent bien l'interroger.

De ces procédés, la forme sensible — que les manœuvres traduisent — n'a subi que des modifications légères que nous indiquons plus loin.

Leur mode d'application n'est lui-même pas changé.

Le seul fait nouveau introduit par les conditions récentes consiste dans le déplacement du moment de cette application.

Autrefois, à peine que le feu fût ouvert, le chef était à même de répartir entre les ensembles partiels qu'il avait temporairement constitués suivant les besoins des circonstances, la tâche à accomplir.

A l'un, le rôle démonstratif; à l'autre, le soin de mener le combat décisif. Tel était, sous sa forme irréductible, le résumé des ordres du commandant des troupes.

Assurément, les deux missions étaient très différentes; mais, au début, l'offensive, n'eût-ce été que pour ne rien révéler de ses desseins à la défense avant l'heure de leur exécution proprement dite, donnait au combat sur tout le front la forme démonstrative; il s'établissait entre les deux actions à la fois parallèles et concordantes une certaine uniformité qui ne disparaissait que peu à peu, à mesure que s'accentuait le rôle de l'ensemble partiel chargé du combat décisif, mais sans que la simultanéité de ces deux actions, au fond distinctes, cessât, même au moment de l'assaut, puisque la troupe chargée de l'attaque principale entraînait dans le combat décisif la troupe chargée de la démonstrative.

Aujourd'hui, il n'y a pas simultanéité mais succession, et une succession comportant une démarcation tranchée entre les deux actions appelées à se substituer l'une à l'autre.

L'ennemi demeurant longtemps mal discerné, l'offensive se borne à entretenir sur toute la ligne, en la rendant de plus en plus irritante pour l'ennemi, une action démonstrative modifiée comme il convient, attendant qu'un incident se produise qui lui permette de prendre des dispositions de l'adversaire une connaissance suffisante pour qu'elle se juge autorisée à quitter son attitude expectante.

Elle commettrait une lourde faute en cédant à ses impatiences.

Ainsi, sous nos yeux, l'offensive encore mal renseignée prend toutes ses dispositions à une aile pour livrer le combat décisif, lorsqu'à l'aile opposée un événement surgit qui change entièrement la face du combat : l'ennemi est sorti de ses lignes.

On a pu parer aux conséquences immédiates de ce changement d'attitude de l'adversaire en opposant à ses bataillons le gros des forces de la brigade intéressée qui n'avait affecté, comme il est raisonnable, qu'un nombre restreint d'unités à la démonstration entretenue sur son propre front; mais il n'en est pas moins vrai que, fixé prématurément, l'axe de la direction de l'attaque se trouve maintenant déplacé.

Précipitation regrettable, car elle amènera certainement des mouvements un peu confus dont l'incohérence apparente agit toujours très défavorablement sur l'esprit du soldat, et d'autant moins compréhensible que c'est l'offensive elle-même qui en donnant à sa démonstrative un caractère provocant a pour ainsi dire contraint la troupe adverse de sortir de son attitude passive.

En résumé, la véritable difficulté consistera à saisir comme au vol dans la succession des faits plus ou moins explicites dont l'insistance de la démonstrative provoque la manifestation, le fait probant, significatif, inévitable, qui est appelé à jeter une lueur soudaine sur la situation et ainsi à dissiper pour un temps souvent très court une obscurité que la défense cherchera tout aussitôt à faire renaître.

Il y a là une question de tact à la fois moral, intellectuel et instinctif, bien faite pour intéresser vivement les esprits qui auront un jour à la résoudre et dont la solution sera d'autant plus délicate, comme nous l'avons dit, qu'elle reposera sur des bases très fugitives.

Quand nous faisons observer que la direction de l'attaque principale demeurera longtemps indécise, que l'heure où il conviendra de l'entamer restera elle-même longtemps indéterminée, nous disons implicitement qu'il sera moins fréquemment possible qu'autrefois de combiner en les liant l'une à l'autre une attaque de flanc avec une attaque de front.

Indépendamment que le point sur lequel devra se porter l'effort de l'offensive pourra être très éloigné du flanc contre lequel un mouvement enveloppant aurait, par suite des conditions du terrain, quelques chances de réussite, il y a lieu de faire observer que l'on devra constamment agir avec rapidité, c'est-à-dire dans des conditions de temps forcément exclusives de tout mouvement d'une durée considérable, cette rapidité étant imposée par la nécessité d'enlever à l'ennemi la faculté de changer ses dispositions maintenant reconnues. Or les mouvements enveloppants sont généralement longs.

Il convient en outre d'ajouter que ces mêmes mouvements deviendront, lorsqu'ils seront jugés exécutables, plus délicats à conduire qu'autrefois, car l'atmosphère étant parfaitement nette, l'ennemi les percevra immédiatement et à peine se dessineront-ils qu'il adoptera les mesures nécessaires pour les faire échouer, — en faisant prendre par exemple aux échelons qu'il a établis aux ailes une disposition en tenaille dans laquelle viendra ficher la troupe enveloppante.

Ces considérations diverses n'ont pas échappé aux partis en présence, puisque le caractère préventif des dispositions qu'ils ont prises aux ailes est peu marqué.

Les mouvements tournants — mouvements prépa-
rés en dehors des vues de l'ennemi — auxquels
de simples dispositions prises sur les flancs par les
divisions de 1re ligne ne sauraient parer, semblent
au contraire particulièrement redoutés par les deux
adversaires.

Indépendamment que la cavalerie patrouille incessamment sur les flancs respectifs des forces en présence, les divisions des ailes dans la 2e ligne sont
doublées à une assez grande distance en arrière par
des troupes nombreuses prêtes à faire face dans toutes
les directions.

Et peut-être, l'action, pourtant très mouvementée
et très vive que nous voyons l'offensive entretenir
devant le front de l'adversaire, est-elle simplement
destinée à donner le change à l'ennemi, pendant que
des masses qui sont encore en dehors de nos vues
exécutent un vaste mouvement tournant — qui constituerait alors l'attaque principale — dans le but de
le surprendre sur ses derrières.

Les difficultés offertes actuellement par les attaques
exécutées à l'une des ailes de la ligne pour déborder
et menacer l'ennemi sur un de ses flancs tout en
conservant la liaison avec l'attaque de front, expli-

quent surabondamment la faveur dont paraissent
jouir ces mouvements à grand rayon.

Ces procédés et moyens dont nous nous entrete-
nons se traduisent par des manœuvres.

Or, si nous entendons par « manœuvre » l'application des évolutions combinée avec le terrain, la position et les mouvements de l'ennemi, nous serons
amené à considérer en premier lieu les évolutions
en elles-mêmes, puis à apprécier l'application que
l'on en fait.

Les évolutions sont simples et ne peuvent être
que telles, car les formations auxquelles elles abou-
tissent sont elles-mêmes d'une extrême simplicité,
le mot de formation étant pris ici dans son sens
restreint de placement régulier de toutes les fractions d'une troupe disposée en ligne ou en colonne.

Ces formations se réduisant en fait à deux :

La colonne double ouverte, avec des distances et
des intervalles généralement considérables pour la
deuxième ligne ;

Et la ligne déployée, avec des dispositions diverses
en échiquier, en échelons aux ailes, etc., pour la première.

Les évolutions ne pouvaient être ni nombreuses ni compliquées.

Sans remonter jusqu'à l'époque déjà lointaine où l'on considérait comme un véritable sacrifice l'acte pourtant si naturel de faire choix parmi les évolutions synonymes, c'est-à-dire parmi celles qui ont même point de départ et même point d'arrivée, — et il est à peine besoin d'ajouter qu'elles se présentaient au choix à profusion, — de l'évolution la plus simple et la plus prompte et par conséquent la moins théâtrale, nous dirons incidemment que c'est le propre d'une longue paix sans préoccupations de donner aux évolutions, sans autre motif que l'attrait du spectacle offert, une importance dont l'excès aboutit rapidement à un formalisme se traduisant par des exigences qui, incessamment accrues par le caprice, deviennent chaque jour plus envahissantes et plus exagérées, comme peuvent le faire celles de l'étiquette dans une cour oisive.

Il est à remarquer aussi que les grands manœuvriers ont toujours considéré la question des moyens pris en eux-mêmes — et une évolution, qu'est-ce autre chose qu'un moyen — comme peu intéressante. Et Bonaparte, pour n'en citer qu'un, non seulement n'a pas modifié — ce qui serait peu significatif — mais ne parait même pas avoir songé à modifier le règlement de 1791 dont ses troupes ne se sont pourtant pas servies pendant vingt années, et dans des conditions si diverses, sans qu'il ait constaté dans ses prescriptions des lacunes ou des faiblesses.

Cette simplicité, du reste, n'a pas été recherchée pour elle-même.

Elle l'a été, parce que les manœuvres étant devenues, pour des raisons multiples dont le caractère indéterminé de la situation pendant la plus grande partie du combat forme la principale, plus difficiles à conduire que jamais, il convenait de ne point assujettir ceux qui ont la responsabilité de leur direction à passer par des formes étudiées, plus ou moins savantes dans leur symétrie, alors que le jeu des organes devait être, au contraire, d'une grande souplesse et assez largement conçu pour qu'en aucun cas il ne devînt une cause de gêne.

De ce qui précède, il ressort que la définition, telle que nous l'avons donnée tout d'abord, du mot manœuvre est, en quelque sorte, bien peu moderne; car, de nos jours, il serait assurément plus juste d'entendre par cette expression, l'une des transformations que le commandant des troupes fait subir à son dispositif

initial d'ensemble, chacun des organes de ce dispositif évoluant pour son propre compte, de manière à se
mettre en mesure de remplir, aussitôt que possible, le
rôle particulier, modifié ou non, qui lui incombe après
cette transformation et, ajoutons-le, le contraste —
de suite pressenti — que l'on pourrait établir entre la
simplicité extrême des formations et des évolutions
d'une part, et la complication délicate des dispositifs
et des manœuvres d'autre part, donnerait, par image,
une idée très exacte du combat futur.

Dans le combat décisif, la phase de la préparation,
puis celle de l'exécution — cette dernière suivie de
l'assaut qui forme comme une phase distincte —
sont successivement parcourues sans que rien ne
nous frappe, si ce n'est la violence du feu de la préparation.

Le fait n'a rien d'étonnant car, en ce moment, les
deux adversaires savent l'un de l'autre, non seulement tout ce qu'ils peuvent savoir, mais tout ce qu'il
est essentiel qu'ils sachent.

L'obscurité de la situation ayant disparu, il ne
peut plus se produire que des faits sinon prévus, au
moins faciles à prévoir et d'avance analysés.

Devons-nous conclure qu'il en sera ainsi dans toutes les attaques?

Une réponse affirmative serait téméraire, car si la dernière période du combat se décompose, comme ce sera le cas le plus général, en deux moments distincts, l'aspect des attaques dirigées contre les objectifs secondaires sera souvent moins rigoureusement classique.

C'est ainsi que l'offensive ayant dû, préliminairement à l'attaque de l'objectif principal, s'emparer d'une position dont l'occupation était jugée indispensable, nous la voyons lancer ses troupes à l'attaque après une préparation plus qu'écourtée.

La raison? Majeure en vérité, car, en agissant ainsi, l'offensive cherche à obtenir un dénouement avant l'intervention, reconnue depuis quelques minutes seulement comme possible, de troupes que l'on croyait trop éloignées pour qu'elles pussent opportunément exécuter une contre-attaque.

Et pourtant ces troupes n'avaient pas cessé depuis le début de l'action de contrarier l'offensive par des feux de flanc.

Et pourtant aussi, malgré l'existence de ces feux ininterrompus, l'on n'avait pas été à même, comme la preuve en fut alors donnée, de déterminer avec exactitude les emplacements des unités qui les exécutaient et par conséquent la distance réelle qui les séparait de la position à enlever.

Circonstances qui mettent en lumière dans toute leur valeur les conséquences tactiques de l'état d'invisibilité relative du défenseur.

Ici prend fin la série de nos impressions.

En jetant ce rapide coup d'œil sur le combat, nous n'avions qu'un but : nous pénétrer des conditions qui nous seraient faites lorsque nous le poursuivrions nous-même.

Les renseignements qui résultent pour nous de ce sommaire examen nous permettront donc de prendre, sinon avec pleine connaissance de cause, au moins en nous appuyant sur certaines données utiles, les mesures exigées par la situation que nous avons définie au début de ce chapitre clos maintenant.

II

DES RECONNAISSANCES

Dans la situation où nous avons supposé qu'elle était placée, l'armée qui agit offensivement ne peut pas engager la lutte sans s'exposer à une défaite à peu près certaine. Les renseignements qu'elle a sur l'ennemi sont par trop incomplets.

Puisqu'elle a toute liberté pour en agir ainsi, elle suspendra son mouvement et attendra pour engager l'attaque qu'elle soit mieux informée.

La nécessité, avant toute action, de reconnaître les dispositions de l'ennemi est évidente.

Cette nécessité, les deux adversaires la subissent, mais à des degrés très différents, car, en supposant

que les reconnaissances préliminaires à l'action
aient été insuffisantes ou mal conduites, le dispositif
de la défense est par nature doué d'une élasticité
assez grande pour que l'on puisse parer jusque dans
les derniers moments à des éventualités non pressen-
ties ; par contre, sauf de légers sacrifices faits à
l'imprévu, le dispositif de l'attaque doit, dès que la
lutte décisive s'engage, demeurer un et fidèle à lui-
même, ce qui revient à dire qu'avant d'assujettir les
groupes combattants que ce dispositif intéresse à une
corrélation étroite qui est un danger car elle ne saurait être altérée sans les inconvénients les plus graves,
mais aussi une force et une force indispensable puisqu'elle assure l'unité d'action, l'attaque doit être
entièrement et pleinement éclairée.

Ainsi la nécessité de reconnaître s'impose à l'offensive d'une manière formelle.

Mais si nous ajoutons qu'en parlant de ce dispositif d'attaque c'est une forme finale que nous envi-
sageons — car l'ennemi étant difficilement visible et
ne devant nous livrer que peu à peu la connaissance
de ses forces véritables et de la relation tactique qu'il
a établie entre elles, ce dispositif approprié au combat
décisif ne peut être que l'expression dernière des

transformations que nous aurons successivement fait
subir à notre dispositif initial suivant l'intérêt du
moment et au fur et à mesure que s'est dissipée
l'obscurité de la situation — nous reconnaissons implicitement l'existence d'une période intermédiaire
entre la période des reconnaissances proprement
dites et la période du combat proprement dit, période
sinon consécutive à la première, dans tous les cas
précédant toujours immédiatement la seconde, au
cours de laquelle auront lieu ces transformations qui
constituent à tout prendre dans leur ensemble une
reconnaissance offensive générale, mais une reconnaissance offensive modifiée au point de vue de
notre propre attitude vis-à-vis de l'ennemi dans la
mesure correspondante à la différence qui s'établit
logiquement d'elle-même entre une éventualité probable et une certitude, puisque nous sommes ferme-
ment décidés, sauf naturellement des circonstances
extraordinaires, à livrer le combat subséquent.

C'est seulement après que toute hésitation aura
disparu, c'est-à-dire après que l'attaque aura pu faire
choix d'un objectif bien défini et en quelque sorte
irrévocable que la corrélation étroite dont nous avons
parlé devra s'établir entre les unités appelées à parti-

ciper à l'action finale, corrélation indispensable à l'établissement entre les forces concourantes d'une coördination sans laquelle il ne saurait être de succès.

Jusque-là au contraire, la nécessité où nous sommes de ménager la faculté — que nous devons avoir aussi étendue que possible — de pouvoir procéder avec aisance à toutes les transformations jugées utiles, exige que l'appareil soit dépourvu de toute rigidité et par conséquent que ses organes jouissent d'une très grande indépendance relative.

De plus, dans un genre d'idées différent, il conviendra pour l'offensive de tenir dorénavant un large compte de cette considération nouvelle, à savoir que le fait de la part d'une armée d'observer la défensive, ne permet en aucune manière de conclure qu'elle se trouve dans un état d'infériorité même moral, car il arrivera fréquemment que l'un des deux adversaires, alors même que les opérations antérieures auraient eu pour effet de constituer en sa faveur une sorte de droit de préemption sur le choix des rôles, adoptera de préférence le rôle défensif dans le but d'utiliser dans la mesure la plus large possible la puissance des armes actuelles, son intention étant en effet, après qu'il aura épuisé tous les avantages immédiats dont son attitude volontaire lui assurera le bénéfice dans ce sens, de procéder à un mouvement offensif d'ensemble que les pertes éprouvées par l'adversaire pendant la première période faciliteront à un haut degré.

C'est dire qu'à des points de vue multiples et divers, il est pour nous d'une nécessité étroite de nous entourer de toutes les garanties possibles avant d'entamer la lutte.

Les données générales que cette armée, dont le mouvement vient d'être suspendu, possède sur l'ennemi, lui ont été fournies par le Service des renseignements.

Elles sont très générales, ces données, mais certaines, nous devons en faire la remarque, car ce service est à même, en utilisant convenablement les ressources que la science et l'art mettent à notre époque à notre disposition, non seulement de fournir dans un délai très court au Commandement les renseignements dont il doit le pourvoir, mais encore d'en certifier formellement la valeur, puisque la multiplicité et la diversité des moyens dont il dispose pour se procurer des informations lui permet de leur appliquer un contrôle réciproque.

Cependant, aussi précieuses qu'elles soient, ces données sont insuffisantes et nous devons les compléter.

Les reconnaissances destinées à nous procurer les renseignements complémentaires — supplémentaires aussi quelques-uns — dont nous avons besoin seront toujours exécutées en principe par la cavalerie.

Si elles ont lieu la nuit, l'infanterie en sera chargée.

Les brigades de corps sont tout naturellement désignées pour ce service et l'importance qui s'attache à sa bonne organisation fait ressortir l'intérêt qu'il y a de restituer sans tarder à leurs corps d'armée respectifs ces brigades momentanément groupées en divisions dès qu'aura pris fin la période des grands engagements stratégiques de cavalerie, stratégiques, parce qu'ils sont recherchés beaucoup plus en vue de résultats généraux définis mais non rigoureusement précisés, que pour satisfaire un intérêt immédiat, sauf exceptions bien entendu.

Ces reconnaissances, exécutées sous forme de patrouilles indépendantes, seront faibles. Il s'agit, non

de combattre, mais d'observer, en attribuant toutefois au sens du mot « observer » l'idée d'une activité
plus grande que celle qu'il éveille quand il est pris
dans l'acception que nous lui donnons habituellement dans la langue militaire.

A vrai dire, c'est à une véritable exploration tactique, qu'elles auront à pourvoir.

Peut-être, dans certains cas spéciaux, conviendra-
t-il de leur donner une force suffisante pour qu'elles
soient à même, par quelque action soudaine et brève,
de produire, dans les lignes ennemies, une alerte
dont elles profiteront pour se rendre compte d'une
disposition particulièrement visée, mais cette mesure
ne sera qu'exceptionnelle.

A ces reconnaissances on peut rattacher celles qui
seront exécutées par des officiers — du service d'état-
major généralement, — isolés ou accompagnés par
deux ou trois cavaliers seulement.

Ce dernier moyen d'information et d'observation
est naturellement préférable à tout autre.

Attirant peu l'attention, évitant les patrouilles,
changeant fréquemment de direction de manière à
embarrasser les rares tireurs qui l'inquiètent, son

extrême mobilité — il est indispensable que son cheval soit vigoureux et vite — le rendant du reste peu vulnérable, un officier chargé d'une mission de ce genre dont l'heureux accomplissement exige, avec les qualités physiques indispensables, un développement intellectuel marqué, puisqu'il doit explorer avec méthode, observer avec justesse, apprécier avec compétence et conclure avec logique, s'approche à faible distance des lignes ennemies, se glisse dans leurs intervalles — impunément agrandis maintenant par suite de l'augmentation de la portée des armes, va jusqu'à une aile, au delà même, de façon à prendre des vues d'écharpe ou d'enfilade, fait le nécessaire enfin pour rapporter à ses chefs les renseignements éclairés qu'ils attendent de lui sur l'exacte étendue, les points d'appui et les extrémités d'un front qu'il a dû parcourir et même en certains points pénétrer.

L'étude de la carte et une minutieuse considération préliminaire du terrain avec une puissante longue-vue, lui ont déjà rendu familier le champ de ses observations, maintenant rapprochées. Les circonstances naturelles du sol ne sauraient donc lui causer aucune surprise et il se préoccupe seulement d'apprécier l'œuvre accidentelle de l'homme.

De cette œuvre humaine, ce qui est banal et habituel ne saurait l'intéresser, mais ses particularités l'attirent, car elles lui permettront d'en discerner l'idée directrice.

Ici, les troupes sont nombreuses; là, plus rares. En certains endroits, les ouvrages ont été accumulés, alors que d'autres parties du futur champ de bataille n'accusent aucune trace de travaux.

Il s'interroge et, en les rapprochant les uns des autres, conclut des faits particuliers qu'il constate à une appréciation d'ensemble, qui ne peut être que juste si ses déductions sont exactes, car il y a un lien étroit entre les parties d'un même tout raisonné dont les faits constatés ne sont que l'apparente manifestation.

Mission délicate, qui doit élever le sentiment de la responsabilité jusqu'au point où il se confond avec l'honneur, car ses conséquences peuvent se traduire par les déterminations les plus graves.

Les reconnaissances de nuit seront fréquemment avantageuses. On en confiera le soin à de petits détachements d'infanterie dont les attaques feintes provoqueront une résistance révélatrice, car les lueurs répétées des détonations indiqueront les lignes qu'occupe l'ennemi.

Ce serait une habileté que de faire suivre à quelque distance le détachement envoyé en reconnaissance par un officier qui ne prenant aucune part directe à l'exécution serait dans les conditions les meilleures pour apprécier et conclure.

L'infanterie sera, comme nous l'avons dit, exclue du service de reconnaissance de jour auquel l'insuffisance de sa mobilité la rend absolument impropre.

Capturé ou anéanti, tel est le sort de tout détachement auquel vous imposeriez pareille mission.

Capturé ou anéanti, du moins fort maltraité, car, le mouvement que fera le détachement pour se dérober après avoir accompli sa mission sera immédiatement saisi par l'adversaire qui, ayant laissé arriver la reconnaissance à petite distance, ouvrira le feu sur elle au moment même où elle cherchera à rétrograder et ne lui permettra plus, dès lors, de se dégager du combat.

Autrefois, l'affaire aurait pu se réduire à une simple échauffourée; aujourd'hui, dans les conditions meurtrières que la netteté parfaite du but aux petites

distances donne au combat rapproché, la reconnaissance souffrira énormément.

Il y a lieu en outre de faire observer que la grande
portée des armes permettra à l'ennemi de faire appel
dans la circonstance, et sans avoir à les déplacer, à
des unités assez nombreuses pour écraser la reconnaissance sans délai et en finir rapidement avec une
lutte incidente qui, si elle venait à dégénérer en quelque tirerie prolongée, pourrait l'amener peut-être,
quoiqu'il en eût, à révéler à un moment donné quel-
qu'une des dispositions qu'il a le plus d'intérêt à
tenir secrètes.

Nous interviendrons, dites-vous; mais pourrez-
vous intervenir?

Dans les circonstances habituelles, l'engagement
se produira trop loin de vos lignes pour que toute intervention ne soit pas tardive. Peut-être même, pour
des causes diverses, ne serez-vous pas de suite informé
de ce qui se passe, bien que le bruit des détonations
du fusil français ou allemand soit perçu à des distances plus considérables qu'on aurait pu tout d'a-
bord le supposer, avant les expériences faites. Puis,
en supposant que vous soyez à même d'intervenir,
cette intervention, tout en produisant le résultat im-

médiat désiré, peut avoir, il est important de le faire observer, des effets consécutifs fâcheux, car il ne vous sera certainement pas possible de limiter d'une manière exacte le champ de votre intervention et vous serez exposé de ce fait à voir un incident que vous chercherez vainement à clore, se transformer en engagement général, un engagement auquel vous aurez préludé en quelque sorte sans le vouloir et qui peut avoir des conséquences funestes, car selon toute vraisemblance vous aurez agi dans un sens peu conforme aux vues d'ensemble du commandement supérieur.

Dans tous les cas, même en supposant que le détachement envoyé en reconnaissance parvienne à se dégager sans le secours d'un appui que vous aurez été hors d'état de lui procurer, c'est-à-dire même dans le cas le plus favorable, le résultat obtenu se réduira à la connaissance d'un élément très faible de la ligne occupée par l'ennemi, car ce dernier aura pu faire entrer en action un nombre de fusils relativement considérable sans que votre détachement puisse, par suite de l'état d'invisibilité dont bénéficie l'adversaire, percevoir d'autres troupes que celles dont il est très rapproché et avec lesquelles il combat face à face, ce qui m'amène à vous dire que les con-

séquences finales de votre tentative pourront être de
vous créer une position plus fâcheuse que celle dans
laquelle vous vous trouviez avant son exécution :

N'est-il pas sage en effet d'admettre que le premier
soin de l'ennemi sera, dès qu'aura rétrogradé votre
petite troupe, d'appliquer à ses dispositions une modification quelconque, et de cette supposition que
vous n'êtes que trop autorisé à faire intervenir, que
pouvez-vous conclure sinon que, si tout à l'heure
vous étiez dépourvu de données suffisantes, vous
êtes maintenant exposé à raisonner sur des bases
fausses?

Mais n'allons pas plus loin. La discussion compa-
rative qui précède n'a pas été inutile, car les considérations théoriques qui nous ont été suggérées par
l'appréciation de la valeur propre de chacun des
moyens dont on peut user dans le service des reconnaissances, nous ont permis de ranger ces moyens
suivant un ordre de préférence variable du reste
avec les conditions et les circonstances du milieu;
mais d'autre part, les résultats effectifs de leur application dépendant d'une manière à peu près exclusive
de la qualité de l'agent employé, toute dissertation

approfondie au sujet de l'un quelconque d'entre eux serait oiseuse, absolument.

Ce qu'il importe de dire c'est que sur l'ensemble de ce service si délicat il faudra jeter un souffle.

Il faudra le vivifier en l'inspirant.

La situation est déjà trop mûre pour que le Commandement n'ait pas conçu quelques desseins généraux. Or c'est en même temps son droit, son devoir et son intérêt d'en laisser pressentir tout ce qu'il est possible d'en laisser pressentir sans inconvénient.

Si la plus simple des questions peut être considérée sous mille points de vue différents, que dire de celles du genre qui nous occupe dans lesquelles interviennent des éléments si nombreux d'appréciation matériels et moraux? Là plus qu'ailleurs, les choses et les faits n'ont qu'une importance relative et tel officier s'évertuera à vous rapporter un renseignement dont vous n'avez que faire, alors qu'il passera négligemment à côté d'un fait qui, pour vous, serait toute une révélation.

Au cours de la période de reconnaissance comme aussi pendant les périodes subséquentes, le degré plus ou moins élevé de visibilité de l'ennemi, déterminé pour une même distance par l'emploi dans l'uniforme de couleurs différentes, jouera un rôle important.

Toutes les relations qui ont été écrites sur la Guerre de Sécession témoignent des constants embarras qui résultèrent pour les fédéraux de ce simple fait que les troupes sudistes étaient vêtues de drap gris-jaune couleur de terre, et les avantages résultant de l'emploi des couleurs éteintes étaient si évidents qu'au cours même de la guerre certains États du Nord les adoptèrent pour les régiments à leur solde.

Or, les avantages qui étaient assurés dans les conditions du combat à cette époque à une armée qui portait un uniforme sans éclat, rendant l'observation et le visé difficiles, ne peuvent dorénavant que devenir plus sensibles, et c'est à bon droit que l'opinion publique s'est émue de cette question.

Mais une situation nouvelle s'est établie.

Aux renseignements généraux que possédait le Commandement sont venues se joindre des indications de tout ordre qui ont eu pour effet de dégager de l'obscurité les dispositions d'ensemble de l'ennemi.

Ce n'est cependant pas sans précaution que nous entamerons la lutte, car nous ignorons tout des dispositions de détail de l'adversaire, et le feu qui va s'engager n'aura pas pour effet de nous les révéler.

Aussi préluderons-nous au combat proprement dit par une reconnaissance offensive générale.

A cette reconnaissance, prendront part au début

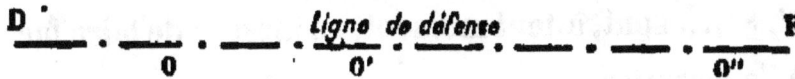

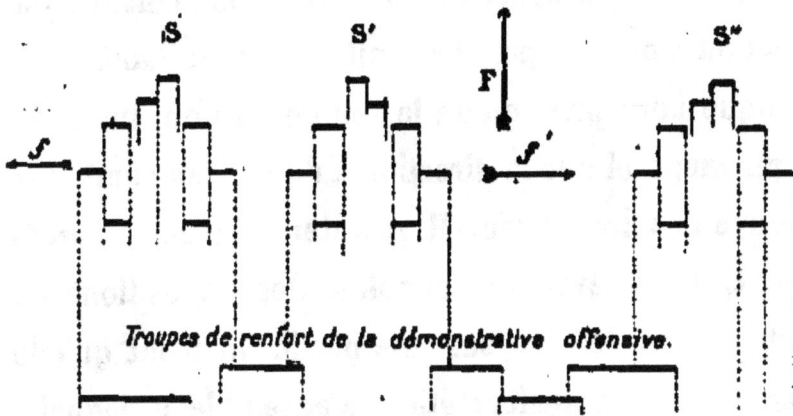

des troupes peu nombreuses qu'on aura souvent avantage à disposer sur une ligne présentant des saillants irrégulièrement espacés, les axes de ces saillants étant dirigés sur les points qu'on se propose de reconnaître spécialement.

Cette disposition, qui est représentée par la figure I, permet de se mouvoir dans le sens de la flèche F ou des flèches f et f'; les mouvements — limités à de petits parcours — exécutés dans le sens de f ou de f', n'ayant pas d'inconvénient, puisque les troupes liées entre elles par chacun de ces dispositifs particuliers s, s', s'',... sont, à tout moment, en mesure de faire face à l'adversaire.

Il est nécessaire que ces dispositifs jouissent d'une grande indépendance relative.

Cette indépendance devra cesser cependant dès que l'action engagée par les unités d'un saillant quelconque aura pris, qu'on le veuille ou non, un développement tel que la direction à donner au combat se trouve dès lors fixée. Il résultera du reste forcément, de la révélation complète des dispositions de détail de la défense sur une partie du front qu'elle occupe, une transformation d'ensemble à laquelle toutes les troupes, quel que soit leur rôle antérieur, seront assujetties.

Nous avons dit « qu'on le veuille ou non » et, sans plus tarder, nous ferons observer qu'il y aura lieu de se mettre en garde contre un stratagème dont l'emploi est trop indiqué pour ne pas devenir fréquent :

L'ennemi vous livrera sur un point, après une faible résistance, habilement calculée, la connaissance de dispositions feintes, de façon à vous amener à combattre dans une direction d'avance choisie par lui, que des dispositions, aussi réelles qu'essentielles celles-là, mais dont vous n'avez nulle connaissance, doivent rendre particulièrement favorable à son action.

Dans le chapitre suivant, nous indiquerons les

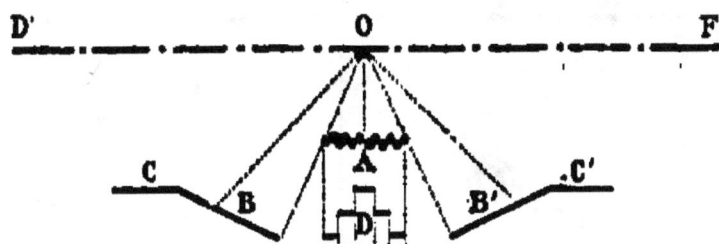

Fig. II. — Combat.

motifs qui nous ont amené à adopter une formation d'attaque, telle qu'elle est représentée dans la figure II :

Les troupes A formant la chaîne ;

Les troupes D assurant la pénétration ;

Les troupes B et B', couvrant de feux convergents l'objectif O.

L'ordre chronologique que nous avons suivi jusqu'à présent dans notre exposition ne pouvant être rompu sans inconvénient, nous supposerons que cette formation est provisoirement acceptée, supposition qui nous permettra de donner sur le rôle particulier de chacune des fractions momentanément liées entre elles par un de ces dispositifs s, s', s'',... de la figure I toutes les indications convenables.

Considérons la figure III, c'est-à-dire la représentation agrandie de l'un des dispositifs s, s',... etc.

La disposition reproduite ci-dessous qui participe à

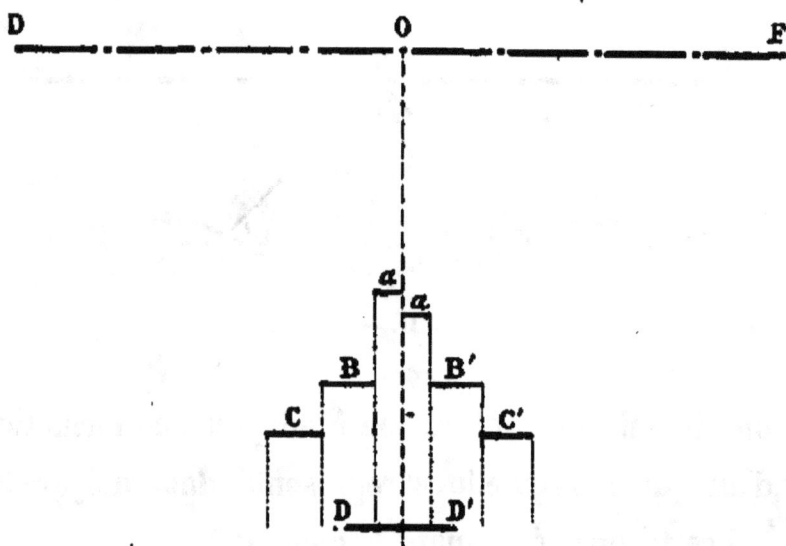

Fig. III. — Marche.

la fois de l'ordre en échelons et de l'ordre en échiquier — l'échelon de tête se décomposant lui-même en deux petits échelons particuliers, de manière à n'engager que le moins grand nombre d'hommes possible à la fois — n'est autre que la formation d'attaque elle-même convenablement modifiée pour la marche.

Cette disposition nous permet en effet de nous mouvoir facilement, tout en demeurant sans cesse en

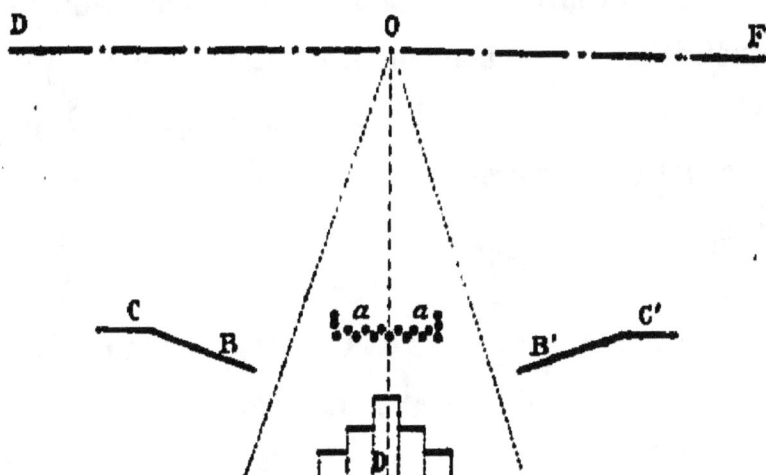

Fig. III bis. — Combat.

mesure de vaincre les résistances que l'adversaire nous oppose quand, dans l'intérêt de nos recherches, nous voulons pénétrer sur un point donné.

La figure III *bis* permet d'apprécier la transformation subie par le dispositif au moment où les troupes cessent de marcher pour combattre.

Les unités *a a* formées en chaîne entretiennent le combat ; B et C, B' et C' exécutent un changement de front sur l'aile la plus rapprochée de l'axe de la direction, C venant se placer à la gauche de B et C' à la droite de B', pendant que D et D' se rapprochent de la chaîne tout en se fractionnant d'une manière convenable — en échelons en avant par le centre, comme dans la figure III *bis* par exemple, — pour assurer la pénétration au moment où les unités B et B' ayant suffisamment préparé l'accès de l'objectif O par leurs feux convergents, la chaîne *a a* se porte en avant.

Si l'ennemi est en force en O, il peut se faire qu'une attaque ainsi pratiquée par des troupes numériquement faibles soit impuissante à déterminer dans la ligne ennemie la rupture qu'il est indispensable de provoquer afin de démêler quelque disposition essentielle.

Nous serons alors mieux inspirés en manœuvrant de telle sorte que l'adversaire soit amené à sortir de ses lignes, circonstance qui nous permettra de prendre connaissance de la disposition visée.

Nous arriverons au résultat désiré en prolongeant

suffisamment la démonstrative et en lui donnant le
caractère agissant et provocateur que nous avons si-
gnalé au chapitre I, la transformation graduelle du
dispositif ayant pour effet de lui donner finalement
l'expression appropriée à nos desseins.

La chaîne *a a* cède peu à peu le terrain, opposant
une résistance feinte, assez accentuée toutefois pour
que l'ennemi ne puisse deviner nos intentions, pendant que D et C, D' et C', changent de direction en pi-

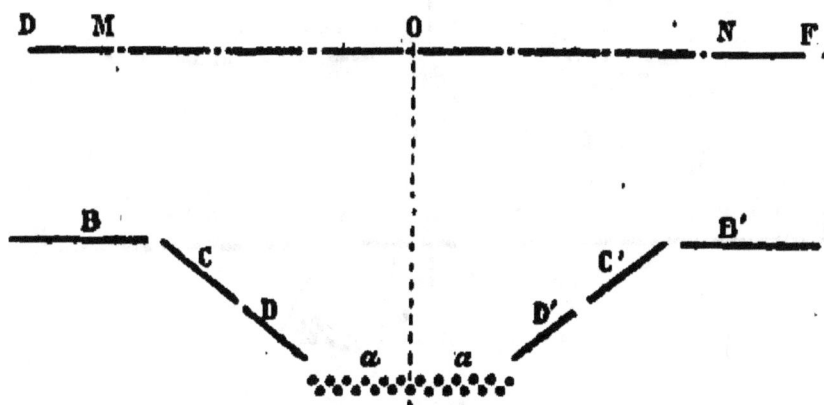

Fig. III ter. — Combat.

votant sur l'aile la plus rapprochée de l'axe, de façon
à venir prendre les positions indiquées par la figure
III *ter*.

Entre temps, les unités B et B' ont appuyé convenablement à droite et à gauche afin de dégager l'accès

de la tenaille CD *a a* D′C′, leur rôle consistant à maintenir les troupes de la défense en M et en N de manière
à ne laisser pénétrer dans l'espace rendu libre que le
nombre d'adversaires dont la reconnaissance peut
avoir raison et, simultanément, à observer les mouvements révélateurs auxquels donnera lieu dans les
lignes de l'adversaire l'incident provoqué.

Dans tous les cas, il sera convenable, dès que les

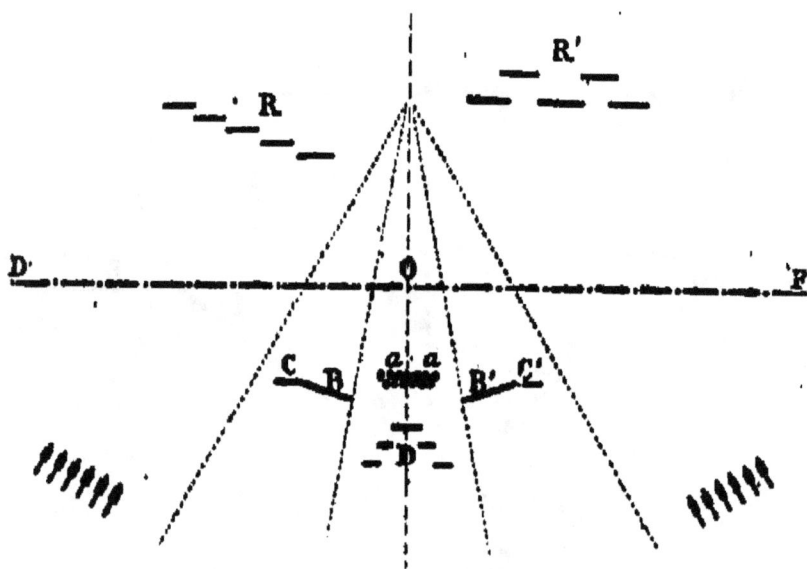

Fig. IV. — Combat.

troupes de l'un de ces dispositifs *s, s′*,... seront sérieusement engagées, d'appuyer leur action par quelques batteries légères qui, placées — comme l'in-

10

dique la figure IV — dans les intervalles compris
entre deux saillants consécutifs, croiseront leurs feux
sur les capitales, interdisant ainsi l'accès du terrain
sur lequel la lutte se poursuit aux réserves de 1ʳᵉ ligne
R et R', tout en observant les mouvements qu'elles
feront pour s'en rapprocher, mouvements dont la direction donnera sur l'organisation intérieure de la
défense des indications précieuses.

Le dispositif initial de la figure III n'est assurément pas le seul à employer, et l'on peut même dire
que le nombre des dispositifs susceptibles d'être
adoptés est indéfini, — comme il en est du reste de
toutes les combinaisons dans lesquelles interviennent,
permanents ou accidentels, des éléments essentiellement variables, — la valeur de celui dont on fait
choix dépendant uniquement du caractère plus ou
moins heureux de l'accord établi entre les circonstances et le terrain d'un côté et le fractionnement
de la troupe et la répartition des rôles entre ces fractions de l'autre, — car il y a là une véritable question d'art; mais, appelé à présenter l'un d'entre eux,
il était naturel que nos préférences s'adressassent à
celui qui devait aboutir le plus facilement par ses

transformations possibles à l'expression dernière que nous avions en vue, c'est-à-dire à la formation d'attaque dont nous préconisons l'emploi.

Lorsque la situation aura dépouillé toute obscurité, il sera quelquefois de l'intérêt de l'offensive de ramener peu à peu en arrière les troupes chargées de la reconnaissance pour procéder ensuite à l'exécution d'un plan, basé précisément sur les données recueillies; mais elle n'aura que rarement la liberté d'en agir ainsi.

La plupart du temps, c'est le développement de l'un des combats partiels auxquels a donné lieu la reconnaissance qui, par son extension à peu près inévitable, amènera la lutte à se généraliser.

Il est possible du reste, si l'on y voit avantage, de lier nécessairement l'un à l'autre la reconnaissance offensive et le combat proprement dit.

Si, par exemple, l'ennemi étant très fort sur son front, nous concevons le projet de l'amener par tous les moyens possibles à combattre en avant de sa ligne de défense, c'est avec utilité que nous adopterons une disposition d'ensemble qui rappellera, en la multipliant, celle qui est reproduite dans la figure III *ter*.

Nous opposerons à l'adversaire une ligne établie à peu.près parallèlement à la sienne, sur laquelle nos troupes seront réparties de telle sorte que la densité de cette ligne soit très différente suivant les parties considérées. Très forte sur certains points, elle sera faible sur d'autres; les troupes de deuxième ligne d'avance disposées derrière les parties faibles — et masquées par quelque accident de terrain, la condition est essentielle, — quittant au moment opportun

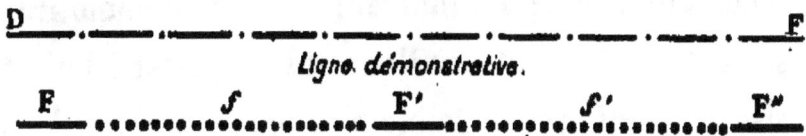

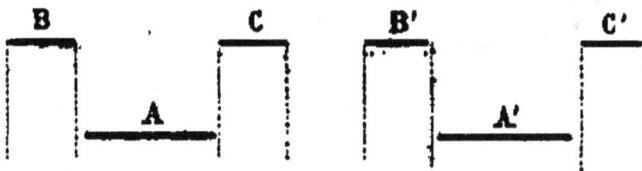

Ligne démonstrative.

Fɪɢ. V.

les positions A, B, C, A', B', C'... de la figure V pour

venir s'établir à découvert en A_1, B_1, C_1, A'_1, B'_1, C'_1..., comme le représente la figure VI.

Le caractère très actif, très entreprenant, de notre démonstration sur les points marqués F, F', F''... aura en effet pour résultat d'amener l'ennemi à tenter quelque attaque sur les flancs des unités qui les occupent, ces unités lui paraissant insuffisamment liées entre elles, et ainsi à pénétrer de lui-même dans les aires battues par nos feux concentriques.

Au besoin, les troupes F, F', F''... replieront légèrement leurs ailes de manière à rendre comme irrésistible le désir qu'aura l'ennemi de passer à l'offensive pendant que la faible chaîne f, f'... se retirera

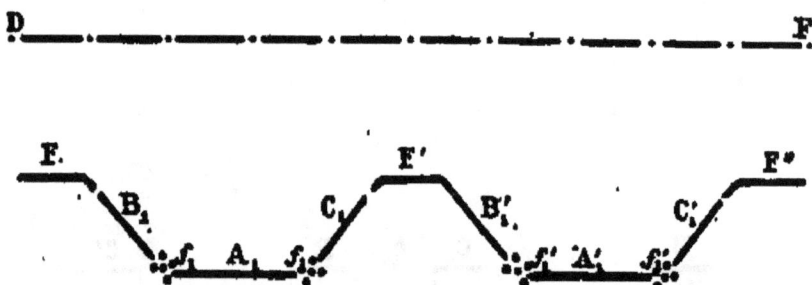

Fig. VI.

peu à peu, cédant à la poussée, de façon à venir se placer à droite et à gauche de A_1, A'_1... qui se sont déployés et portés en avant en temps utile, pendant

quo, simultanément, les unités B et C, B' et C' procé-
daient à l'exécution des mouvements imposés par le
rôle qu'elles ont à jouer en B_1 et en C_1, en B'_1 et
en C'_1.

Dans le cas où l'objectif serait pour ainsi dire

O

D   F

Fausse attaque.   *Démonstrative.*   *Fausse attaque.*

*Troupes destinées à exécuter
l'attaque réelle.*

Fig. VII.

d'avance fixé, condition qui n'est pas rare, car les
circonstances du terrain ont souvent pour effet de
rendre une position tellement importante que le combat décisif s'y transporte comme de lui-même, il
pourra être avantageux d'adopter une disposition analogue à celle que nous venons de décrire.

Au moment où l'ennemi, ayant reconnu la faute

qu'il a commise en sortant de ses lignes, cherchera à les rallier, nous le suivrons pas à pas, le forçant d'accélérer sans cesse son mouvement de retraite de manière qu'il lui soit impossible de reprendre position, et nous nous jetterons derrière lui sur l'objectif O.

La démonstration sera peu agissante devant la partie de la ligne ennemie correspondant à l'objectif, tandis qu'à droite et à gauche, nous dirigerons des fausses attaques très violentes de manière à provoquer de la part de l'ennemi un mouvement offensif étendu et bien marqué sur les ailes intérieures des troupes qui l'inquiètent.

Nous saisirons tout aussitôt le mouvement de l'adversaire et, après l'avoir contraint d'accepter la lutte décisive en avant du front qu'il a organisé, nous chercherons, sans lui permettre de se dégager jamais ni de reprendre pied sur la ligne de défense proprement dite, à pénétrer à sa suite jusqu'à l'objectif.

La reconnaissance offensive n'embrassera pas constamment l'étendue totale de la ligne ennemie, et si, eu égard à des raisons puissantes, sans réplique, nous avons pris la résolution formelle de porter le combat décisif sur une partie donnée du front de

l'adversaire, la nécessité de satisfaire avant tout autre
l'intérêt immédiat que nous avons de reconnaître
aussi complètement que possible — en procédant par
suite avec une grande vigueur — les dispositions
prises par ce dernier sur cette partie, aura souvent
pour conséquence de nous amener à entretenir simplement une canonnade lente à l'aile opposée.

Dans de semblables conditions du reste le combat
éclatera sans tarder avec violence — la reconnaissance offensive étant alors purement nominale, — pendant qu'à l'aile non intéressée le canon suffira pour
remplir le rôle démonstratif, rôle auquel l'action
de l'artillerie convient du reste merveilleusement,
que le caractère de la démonstration soit empreint
d'une certaine passivité ou qu'il soit au contraire
très actif, cas non seulement distincts mais opposés l'un à l'autre, que nous trouvons réunis dans
une période unique d'une même journée, celle du
18 août 1870.

Démonstration traînante : que fait l'artillerie de la
Ire armée allemande?

Démonstration plus agissante : reportons-nous plus
au nord et voyons ce qui se passe devant notre aile
droite.

C'est avec les batteries de la 18e division et son artillerie de corps que le général de Manstein engage la lutte.

Neuf batteries du IXe corps faisant face au sud-est — elles étaient établies au sud du bois de la Cusse et canonnaient les positions d'Amanvillers et de Montigny-la-Grange — engagent l'action.

Plus tard, lorsque le mouvement de l'aile gauche — XIIe corps (saxon), garde et IXe corps — est en pleine exécution, pour protéger cette marche en échelons par la gauche, cinq batteries hessoises appartenant également au IXe corps viennent s'établir à la gauche de la ligne formée par les neuf premières, un peu à l'est d'Habonville, face au nord-est, et commencent à battre Saint-Privat.

Or, n'est-ce pas là un véritable combat démonstratif, suffisamment prolongé pour permettre aux troupes chargées d'exécuter le mouvement tournant d'accomplir leur mission?

Les lignes qui précèdent n'ont pas d'autre but que de provoquer un réveil d'idées.

Il est évident que dans un ordre de choses où les

circonstances accidentelles prennent souvent une importance capitale, ce serait aller contre la raison que
d'attribuer une valeur effective quelconque à des indications qui ne sauraient avoir d'intérêt qu'au point
de vue spéculatif, puisque les éléments d'appréciation
aussi multipliés que divers dont l'intervention est
provoquée par la manifestation de ces circonstances,
— éléments qui peuvent être les premiers à considérer, — restent forcément étrangers à toute exposition théorique.

Aucune question tactique, — si nous entendons par
question un de ces cas généraux que la théorie peut
utilement envisager, — même choisie parmi les plus
simples, ne saurait d'ailleurs comporter de solution
qui, transportée dans la pratique, demeure ferme
et applicable dans toute son intégrité, non pas constamment, — nous allons plus loin, — mais simplement d'une manière générale, car, si elle était simple
théoriquement la question, la réalité en lui donnant la vie lui a imprimé aussi le caractère de la vie,
c'est-à-dire le caractère compliqué d'un état sur lequel
pèsent des considérations de toutes sortes et, de même,
pourrait-on dire, que les situations morales par lesquelles passe l'homme pendant sa courte existence

sont pour ainsi dire innombrables, puisque sans cesse modifiées elles ne se reproduisent jamais les mêmes avec exactitude, de la même manière aussi, à la guerre, période tourmentée, propre à la manifestation des circonstances les plus inattendues, inouïes quelquefois, les combats succèdent aux combats, chacun d'eux nous réservant, tour à tour, encore qu'il puisse présenter quelques traits communs avec ceux qui l'ont précédé, une impression nouvelle et, disons-le, une impression toujours un peu déconcertante comme toutes celles que procure l'imprévu quand ce n'est pas l'insoupçonné.

Aussi la souplesse de l'intelligence joue-t-elle dans la conduite des troupes un rôle considérable et la précision des idées, indispensable nous le savons, ne saurait, si l'on pouvait supposer qu'elle fût isolée, produire à elle seule que des effets stériles.

Nos réflexions s'adressent, ne l'oublions pas, à un ordre de choses dont les vérités constantes, les principes immanents, sont peut-être mieux établis au point de vue essentiel que dans aucun autre, mais qui, par contre, sont tellement variables dans leurs manifestations apparentes, — telles qu'elles se dégagent pour l'analyste de l'examen approfondi des situations intervenues entre deux adversaires à la suite d'opérations rationnellement conduites de part et d'autre, — qu'il est imprudent de s'appuyer sur l'une de leurs expressions momentanées comme sur une vérité démontrée et stable pour en tirer de rigoureuses conséquences.

Du reste, lorsque considérant un ordre de choses déterminé, l'on s'aperçoit que dans les exposés s'y rattachant, l'emploi des mots d' « identité » et d' « égalité » est nul, celui du mot « semblable » avec ou sans parité, rare, l'épithète pourtant bien vague d' « analogue » étant la plupart du temps assez caractéristique pour donner une idée suffisante de la relation existant entre deux situations données, on peut conclure en toute assurance que la forme mathématique du raisonnement ne doit être appliquée aux choses de cet ordre qu'avec circonspection.

En résumé, il s'agit plus de méditations que de calculs, plutôt d'un effort attentif de la pensée que d'un travail ardu, et l'art consiste à rester lié, malgré leurs déplacements sans fin, à des bases qui, tout en ne cessant point d'être, sont capricieuses et diverses.

Avant de terminer ce chapitre, nous ferons observer que, si la reconnaissance a été impuissante à dissiper l'incertitude encore régnante, si l'ennemi, organisé solidement sur son front, se maintient dans une attitude purement défensive, laissant se poursuivre, sans s'émouvoir plus que de raison, les feintes, les tentatives, les fausses attaques, dont cependant on le harcèle sans trêve, attendant pour faire sentir tout le poids de sa force que l'adversaire s'engage à fond dans quelque entreprise sérieuse — et s'engage dans les plus mauvaises conditions puisque les dispositions de la défense sont demeurées impénétrables, — une ressource s'offre encore à l'offensive : celle de déplacer le combat.

L'attaque, on ne saurait trop le répéter, tire sa plus grande force de la liberté à peu près complète dont elle jouit dans ses mouvements, et la servilité avec laquelle elle accepte trop souvent les conditions de la lutte telles que les lui offre la défense est pour beaucoup dans la médiocrité à peu près constante des résultats qu'elle obtient.

Elle peut, elle doit manœuvrer.

Si la guerre consistait simplement à amener deux armées face à face, puis à les lancer l'une contre

l'autre dans quelque lutte aveugle, il ne serait nul
besoin de gens spéciaux pour la conduire, et les soins
provoqués par l'exercice du commandement suprême
s'adressant dès lors uniquement à des questions de
pur mécanisme, il suffirait, pour tout diriger, de l'application d'une intelligence claire mise au service de
connaissances générales étendues.

S'il en était ainsi, quels éléments de succès inter-
viendraient-ils dans les problèmes qu'elle agite, autres
que ceux dont les bénéfices peuvent être assurés — à
peu près au même degré d'ailleurs aux deux belligé-
rants — par une organisation raisonnée, un armement
perfectionné et une rapide concentration, états ou
actes qui, bien que d'ordre militaire, n'influent qu'indirectement sur les opérations considérées en elles-
mêmes; qui de plus, lorsqu'on remonte jusqu'à leurs
auteurs, supportent l'idée de pluralité dans la conception.

Il en est d'autres pourtant, et pour n'en citer qu'un,
la sage ordonnance des dispositions qui préparent la
victoire, l'habileté des manœuvres qui en précipitent
l'heure, dispositions prises, manœuvres exécutées
maintenant par plusieurs centaines de mille hommes
à la fois, ne constituent-elles pas elles aussi un élément

de succès de premier ordre et qui, celui-là, lorsqu'on vise son origine, éveille immédiatement l'idée d'unité individuelle.

Or, seuls, les gens de métier peuvent le mettre, cet élément de succès, au service de la cause du pays.

Car, sans parler des études fondamentales indispensables, cette science consommée dont fait preuve le général en chef, suppose l'application aux choses de la guerre d'une capacité de prévision intuitive spéciale à l'ordre professionnel envisagé.

Mais, rare parmi les hommes, dans tous les cas toujours à l'état latent, la faculté de prévision intuitive, à quelque ordre d'idées d'ailleurs qu'elle soit relative, ne se manifeste que sous l'effort de profondes méditations provoquées par des observations répétées, et son développement suppose le labeur fréquemment renouvelé de l'analyse à tous les points de vue et de la synthèse reconstitutive sous toutes les formes, appliquées à tous les sujets d'étude ressortant de l'ordre particulièrement considéré.

D'où la nécessité évidente, si l'on veut s'élever jusqu'à la faculté dont nous parlons, de maintenir l'esprit dans les limites, souvent du reste très vastes, d'un ordre donné.

L'emploi du raisonnement sous la forme inductive et déductive, c'est-à-dire de l'analyse considérée quant à la recherche de la cause ou du principe, et de la synthèse considérée quant à l'application aux cas particuliers de la connaissance de la cause, du principe ou de l'antécédent, permet ensuite de donner aux études poursuivies une consécration, en faisant une application pratique de leurs résultats — ainsi sanctionnés, — application qui pour nous trouve sa place dans les circonstances de guerre, aussi, à un degré moins élevé, et sous une forme modifiée, dans les manœuvres d'ensemble du temps de paix qui forment de ces circonstances comme l'image incertaine.

Dans les limites — lentement reculées — de cet horizon intellectuel incessamment parcouru par la pensée, on arrive à conclure rapidement d'un vaste ensemble à tous les détails qu'il comporte, et il suffit du moindre élément d'un genre donné pour reconstituer tout un ensemble ou, si l'on veut, sous une autre forme, les principes et les causes sont si familiers, les plus minces effets comme les conséquences les moins apparentes ont une telle éloquence que tout raisonnement basé sur la considération de faits qui se déroulent dans le champ de cet horizon, ne devient bientôt plus qu'un jeu, car, d'autre part, et précisément par suite des évolutions sans fin auxquelles elle est soumise, la faculté de raisonner proprement dite acquiert, au point de vue de la rapidité et de la certitude, une puissance extraordinaire.

C'est ainsi que certains êtres privilégiés, exceptionnels, indépendants du caprice des événements qu'ils dominent car aucune des transformations possibles d'un état ne saurait leur échapper, s'élèvent peu à peu, par une progression sans terme final, jusqu'à une capacité de prévision intuitive quelquefois vraiment surprenante qui leur permet, en suite de la simple considération d'un indice, le plus souvent moral, insaisissable pour tout autre que pour eux, de voir avec l'esprit comme avec une vue immédiate ce que les distances ou le temps cachent encore à la généralité des hommes.

Faculté éminente, réservée à de rares élus, mais plus désirable encore, s'il était possible de former un pareil souhait, chez le général en chef que chez l'homme d'État, en raison de la promptitude avec laquelle les événements se succèdent à la guerre, promptitude qui ne permet pas d'en déterminer d'avance le caractère et l'aspect probables en se basant sur des données nombreuses et surtout mûrement étudiées.

Les considérations qui précèdent n'étaient pas inutiles à présenter à une époque où cette conviction tend à s'établir que les guerres futures ne donneront lieu qu'à de purs chocs, grossiers en quelque sorte, dans un moment où l'on se complaît à dire que les manœuvres se réduiront à quelques marches concentriques, exécutées de part et d'autre en vue d'atteindre un point de rendez-vous commun tacitement convenu où se dénouera le différend, à une heure enfin où l'on proclame trop volontiers que la science de la destruction est tout, l'art de la guerre, rien.

La manœuvre dont nous avons parlé plus haut qui a pour objet de déplacer le combat, est pratiquement assez simple. Elle exige, en fait, plus de prudence que d'habileté.

L'offensive se prolongera vers une aile par une marche en échelons exécutée à une distance assez grande des lignes de la défense pour que cette dernière ne puisse inquiéter son mouvement, puis, quand elle aura marché suffisamment, elle opérera un changement de front, après avoir fait face à l'ennemi.

Forçant ainsi l'adversaire d'orienter ses dispositions dans un sens conforme à celui qu'elle aura adopté elle-même, l'offensive enlèvera à la défense le bénéfice de la plupart de ses travaux.

Le mouvement sera couvert par un léger rideau démonstratif, la disposition en échelons — l'échelon de tête, échelon directeur, étant le plus éloigné de la ligne ennemie — permettant, du reste, de faire front à tout moment et de recevoir l'adversaire dans des conditions convenables.

Le chapitre suivant est consacré à l'étude d'une formation d'attaque appropriée aux exigences pratiques nouvelles.

III

L'ATTAQUE

Au cours de la reconnaissance offensive il arrivera un moment où il conviendra d'opter entre deux partis ; nous disons « opter », car ils pourront être quelquefois l'un et l'autre également avantageux.

Sous le couvert d'une démonstrative générale, transporter le combat décisif sur une partie du champ de bataille différente de celle sur laquelle se sont produits les incidents révélateurs. — Nous pouvons y avoir intérêt et, ajoutons-le, cette manière de faire n'est pas logiquement inadmissible puisque assez fréquemment on peut conclure des dispositions constatées sur un point aux dispositions non reconnues existant sur un autre point.

Ou grossir sans tarder l'un de ces incidents, et sur le terrain même où il a pris naissance, dans une mesure telle qu'il donne forcément origine lui-même au combat décisif.

Or, sans parler des cas où il est imposé, ce second parti paraît théoriquement le plus naturel à prendre, et les chances qu'il y a de voir l'offensive s'y rallier sont assez grandes pour qu'on soit autorisé à considérer le fait de son adoption comme l'application d'une règle générale, non sans de nombreuses exceptions, il est vrai.

Aussi dirons-nous que notre intention bien arrêtée ayant été dès le principe, sauf des événements imprévus extraordinaires, d'engager la lutte décisive sur le point même où se fera la lumière, nous avons été tout naturellement amené à relier entre elles, par des dispositions qui les conduisissent sans embarras jusqu'à la formation d'attaque que nous nous proposions de leur faire prendre, les unités chargées de reconnaître, — ces dispositions rappelant par suite le dispositif de la figure III, soit qu'elles en constituent dans leur ensemble, et malgré les modifications inévitables imposées par le terrain et les circonstances, comme une image agrandie, ou qu'elles le reprodui-

sent, répété sur plusieurs points, dans des proportions réduites; — ce qui revient à dire, en remontant des effets aux causes, soit que l'objectif nous ait
paru dès l'abord à peu près fixé ou que dans l'incertitude complète où nous étions sur le point où devait
s'engager le combat décisif, nous nous soyons trouvé
dans la nécessité de tâter l'ennemi simultanément
dans plusieurs directions à la fois.

De toutes manières par conséquent, au moment où
la reconnaissance offensive prendra fin, — nous sommes obligé d'établir en théorie, afin de donner à notre
exposition la précision nécessaire, une distinction
marquée entre la reconnaissance offensive et le combat, alors que dans la réalité cette distinction sera
peu apparente, — les troupes seront forcément très
nombreuses sur les emplacements correspondants à
la partie du front de l'adversaire où s'est livré, où se
livre encore, le combat révélateur, car, dans les deux
cas, nous nous sommes empressé d'appuyer vigou-
reusement l'action des unités dont l'insistance agres-
sive a provoqué ce combat, dès que nous avons compris, ou mieux, senti, tout l'intérêt que nous avions
d'intervenir en force.

En effet, que l'état de nos dispositions soit simple

ou multiple, que le dispositif décrit dans le chapitre II soit reproduit dans les grandes lignes elles-mêmes de ces dispositions avec lesquelles alors il se confond, ou qu'il se présente dans l'ensemble de ces dispositions sous une forme répétée, ce dispositif ne jouit-il pas, quelle que soit, grande ou petite, la surface occupée au début par ses éléments constitutifs, développés ou réduits, d'une élasticité suffisante pour que son jeu puisse, tout en s'élargissant, acquérir la puissance nécessaire au fur et à mesure qu'accourent les soutiens sur la ligne immédiatement dévolue dans toute son étendue aux grosses unités appelées à participer au combat, mais au début — et dans les deux cas — assez faiblement occupée, en raison de la médiocre valeur numérique des troupes que ces unités ont tout d'abord engagées ? Les explications données à ce propos dans les chapitres précédents ont-elles paru suffisamment probantes ?

Répondre oui, c'est dire que nous sommes en mesure de pourvoir dès maintenant à toutes les exigences du combat décisif.

Ce sont donc, puisque la question des dispositions réciproques des ensembles partiels appelés à concourir à l'attaque principale se trouve en fait

résolue, les rôles respectifs de ces ensembles qu'il·
convient d'étudier dès maintenant.

Ces rôles, l'expression de nos vœux suffit à les
définir.

Or, nous tendons simplement à obtenir la consécration de ce principe :

« Les troupes chargées de battre l'objectif de leurs
feux sont entièrement distinctes de celles qui doivent
donner l'assaut. »

Nous avons été amené à ériger en principe l'idée ci-
dessus exprimée à la suite de l'examen de la double
considération suivante :

En premier lieu, des troupes exécutant alter-
nativement des marches et des feux ne sauraient
obtenir, en ce qui concerne l'efficacité de ces derniers, des résultats comparables à ceux qui seront
atteints par des troupes immobiles dirigeant à petite distance des salves convergentes sur un point
unique.

En deuxième lieu, la netteté parfaite du but aux
petites distances rendra dorénavant la lutte rapprochée si meurtrière qu'il convient de l'abréger dans
toute la mesure du possible.

13

Il est sage de ne pas soumettre le moral du soldat à une épreuve trop longue.

Dans ses prescriptions relatives au combat offensif, le règlement actuel fait alterner, en confiant les deux rôles à la même troupe, les marches et les feux.

Ces feux commencent aux environs de 700 mètres, prennent une intensité marquée à 400 mètres, pour croître progressivement de violence jusqu'à 150 mètres, distance à laquelle le feu rapide à répétition est exécuté.

Quant aux marches, on s'avance de position en position jusqu'à 400 mètres ; au delà de cette distance, l'on procède par bonds successifs d'amplitude variable, exécutés par échelons, en alternant pour un même échelon, comme il convient, le feu avec la marche, de manière que le feu de l'échelon immobile facilite le mouvement de celui qui se meut. C'est un mouvement de propulsion discontinu, à périodes variables comme durée, mais régulières dans leur succession.

Il convient, croyons-nous, d'user de procédés différents.

Autrefois, la fumée qui enveloppait les deux partis

donnait au tir une grande incertitude. Le but n'étant
pas distinct, le réglage du tir était peu aisé et le
nuage dans lequel on était noyé soi-même rendait sa
direction difficile. On se rendra compte de la justesse
de cette observation en rapprochant le nombre de
coups tirés de celui des hommes atteints dans un
combat quelconque.

De plus, dans cette atmosphère enténébrée, la
cohésion se perdait peu à peu pour faire place à une
sorte d'isolement individuel.

Aussi le soldat était-il peu affecté par les pertes.

Aujourd'hui au contraire, si on lui impose les mêmes
arrêts qu'autrefois, tout contribuera pendant les
quelques moments où il restera stationnaire, à briser
son élan. Les ravages répétés du feu, aucun voile ne
les lui cachera, et ce n'est qu'en « fuyant en avant »
toujours, suivant une expression pittoresque maintenant consacrée, qu'il pourra se soustraire à l'impression redoutable qu'ils ne manqueront pas de lui
causer. Les yeux fixés sur l'ennemi, précipitant
sans cesse une marche qui ne saurait avoir d'autre
but qu'une étreinte qu'il recherche, d'autre but qu'une
vengeance dont le désir sans cesse accru s'élève
jusqu'au transport, le sacrifice humain, dont il est

tout à la fois le témoin et l'une des victimes désignées peut-être, aura pour le soldat moins d'horreur.

C'est en nous basant sur ces données psychologiques de la plus haute valeur, car, au cours de la dernière période du combat, l'énergie individuelle devient
le facteur unique du succès, aussi savamment que la
lutte puisse avoir été préparée, et sur ce fait pour
nous bien établi que les effets du feu n'ont pas été
jusqu'ici utilisés dans toute la mesure du possible par
l'offensive, que nous proposons d'établir, à partir
d'une certaine distance, une séparation tranchée entre
la troupe chargée de donner l'assaut qui, elle, marchera rapidement et sans arrêts sur l'objectif, et les
fractions qui auront pour mission de lui en faciliter
l'accès.

Nous avons dit « à partir d'une certaine distance »,
car aussi longtemps que nous serons loin de l'ennemi,
nous n'aurons aucune raison de nous priver du bénéfice des effets du feu des unités appelées à agir
ultérieurement par le mouvement seul.

Ces principes supposés admis, nous formons et
disposons comme il suit une troupe chargée de l'exécution d'une attaque.

UNITÉS CHARGÉES DE DONNER L'ASSAUT

1° Une chaîne simple, mais dense, prenant sa direction au centre sur lequel on se resserrera au fur et à mesure que les vides se produiront, mais faiblement, de manière que l'étendue du front reste sensiblement la même, l'intervalle entre les hommes ne devant pas toutefois dépasser deux pas.

2° Viennent en arrière de la chaîne des fractions généralement tirées des réserves de première ligne, disposées de manière à assurer la pénétration.

Ces fractions marchent à une distance assez faible de la chaîne pour qu'en accélérant l'allure dans les derniers moments elles soient en mesure de se jeter sur la position par un mouvement à peu près simultané avec celui du précédent échelon.

UNITÉS CHARGÉES DE L'EXÉCUTION DES FEUX

Partagées en deux groupes, ces troupes se portent en temps utile à droite et à gauche et largement en dehors de la direction suivie par l'attaque. Elles font avancer leur aile extérieure et prennent respectivement des positions telles qu'elles puissent, sans dommage pour la troupe amie, exécuter jusqu'au moment de l'assaut proprement dit des feux de salve répétés sur l'objectif; elles établissent des crochets défensifs de manière à répondre au tir d'enfilade auquel elles seront en butte de la part des parties de la ligne de défense que l'attaque n'intéresse pas directement; les unités disposées sur ces flancs en retour tirent à volonté.

Si nous nous préoccupions incidemment d'appliquer les dispositions qui précèdent à l'unité tactique fondamentale, c'est-à-dire au bataillon, dans le but d'aboutir à des formations réglementaires, il y aurait lieu d'abord de distinguer entre le bataillon isolé et le bataillon encadré.

Dans le bataillon isolé, la chaîne comprendrait une compagnie, la pénétration serait assurée par une seconde et, des deux compagnies restantes, l'une enverrait un peloton à droite et un peloton à gauche pour assurer l'exécution des feux, l'autre demeurant en réserve.

En ce qui concerne le bataillon encadré, l'application serait plus délicate, car évidemment les troupes chargées de l'exécution des feux gèneront l'action des bataillons voisins. Mais peut-être est-il possible de remédier à cette situation ?

Nous le croyons, car on peut sans inconvénient étendre au delà des limites actuelles le front d'action de chaque bataillon, ce qui permettra aux deux compagnies qui seront chargées de battre l'objectif dans chacune de ces unités tactiques, de se placer dans l'espace correspondant à la moitié des intervalles, dès lors agrandis, qui séparent leur bataillon des bataillons voisins, intervalles égaux à la différence des fronts d'action et des fronts de combat ou d'attaque proprement dits, ces derniers étant limités, pour nous, aux fronts des deux compagnies chargées de donner l'assaut, compagnies dont le feu doit, comme l'on sait, complètement cesser à partir d'une certaine distance.

Puis, faisons observer que ce n'est point en fait un point unique qu'il s'agit de faire battre par les feux de cette ligne de bataillons encadrés, — s'il en était ainsi, nos dispositions seraient inapplicables, — mais une partie déterminée de la ligne ennemie, celle

qui donne accès sur l'objectif principal, si nous supposons qu'il s'agisse du combat décisif. De là une
série d'objectifs particuliers d'assaut, très rapprochés
les uns des autres, mais distincts.

Quant à la formation préliminaire à faire prendre
dans chaque bataillon, elle est tout indiquée : c'est la
colonne double ouverte.

Les deux compagnies de tête se déploient comme
il est d'usage sur l'aile la plus rapprochée de la direction et se portent sur la position. Constituant une
ligne unique au début, elles poursuivent leur marche
par échelons dès qu'elles ont commencé de riposter à
l'ennemi.

Il convient de faire observer qu'à ce moment on a
tout intérêt à ne pas précipiter les mouvements, de
manière que le feu exécuté par les troupes d'assaut
— salves à grande distance — ce feu qu'elles vont
bientôt cesser, produise des résultats sérieux.

Puis, arrivées à une distance variable avec le terrain
et avec les circonstances, ces deux compagnies cessent de tirer, prennent le pas de charge et donnent
l'assaut.

Entre temps, les fractions chargées d'assurer la
pénétration, fournies par la réserve particulière du

régiment, se sont suffisamment rapprochées pour que leur intervention se produise dans les conditions que nous avons indiquées.

Les deux compagnies restantes du bataillon considéré, dites autrefois compagnies de réserve, sont uniquement chargées d'agir sur l'objectif par leurs feux. Elles se portent sur les emplacements qui leur ont été approximativement assignés et, après avoir fait un choix convenable, se disposent comme il a été dit ci-dessus. N'ayant pas à se mouvoir, elles tirent dans la position « à genou ou couché ». Le feu de salve à répétition commence au moment où les troupes d'assaut cessent tout feu elles-mêmes et se jettent sur la position, car c'est surtout au début de leur marche rapide qu'il convient de chercher à démoraliser le défenseur. Le feu de salve coup par coup est repris ensuite et prolongé autant qu'il est nécessaire.

Mais n'allons pas plus loin dans la voie des détails. Établissons le bien fondé de nos théories d'abord ; les formes de leur application seront à rechercher plus tard, s'il y a lieu.

Aussi bien, après avoir fait observer que la formation d'attaque proposée est applicable par extension,

14

comme nous le verrons plus loin d'ailleurs, à des unités supérieures au bataillon, nous préoccuperons-nous dès à présent de réfuter les objections qu'on peut nous opposer.

Les fractions chargées d'appuyer l'attaque par des feux exécutés à rangs serrés et à commandement seront dans une formation bien vulnérable, nous dira-t-on, mais à une pareille objection purement senti-mentale, que pouvons-nous répondre, sinon qu'une crainte exagérée des pertes est incompatible avec l'ac-complissement du devoir tout entier dans les heures critiques, et ajoutons-le, quand nous voyons des bat-teries — Emploi de l'artillerie dans le combat, chap. II, art. XII — se porter, afin d'appuyer plus efficacement l'attaque, jusqu'à 800 ou même 600 mètres de l'ennemi — il est vrai que ces distances minima seront sans doute bientôt un peu augmen-tées — l'infanterie est moralement obligée, dans cette zone dernière qui est comme son domaine propre, de faire preuve d'un dévouement encore plus grand.

D'ailleurs, à considérer les choses au point de vue tactique pur et simple, les troupes chargées de battre l'objectif de leurs feux éprouveraient de grosses pertes que le résultat final ne serait pas de ce fait nécessairement compromis.

En réalité, leur rôle, tout en étant d'une extrême importance, ne tient que la seconde place.

Tout l'intérêt se porte naturellement sur la troupe qui marche à l'attaque, et ce sera même un devoir pour la troupe immobile de chercher à détourner de la première, pour l'attirer sur elle, l'attention de l'ennemi et ainsi de se sacrifier obscurément à la cause commune : sacrifice souvent vainement offert, tentative fréquemment sans résultat, car, obéissant à un sentiment très humain, à peu près irrésistible, l'ennemi dirigera de préférence son feu sur la troupe encore inoffensive au sens précis du mot, mais dont le mouvement constitue pour lui une menace sans cesse grandissante, et cela, dès le début de la phase d'exécution, c'est-à-dire dans le moment même où il serait presque toujours possible à la défense de conserver à son feu et de lui assurer définitivement la supériorité sur celui des unités immobiles, feu qui, même à ces faibles distances, et malgré l'emploi d'une hausse unique et d'avance déterminée — (400ᵐ), — ne devient réellement redoutable qu'après quelques salves.

Ainsi l'idée seule du choc qu'il va subir trouble le
défenseur à ce point qu'il ne se rend même plus
compte qu'en prenant sur l'offensive la supériorité du
feu, il arrêterait net la marche de la troupe d'assaut
dès lors privée d'un concours indispensable, constatation pour nous fort intéressante puisqu'en donnant
la mesure de l'ascendant moral exercé par cette troupe
dès qu'elle entame la marche qui doit la mener sans
arrêt jusqu'au but final, elle fournit un argument de
plus en faveur de nos théories.

Vous le voyez : les nôtres marcheront sans faiblesse, car poussés en avant toujours, à peine pour-
ront-ils jeter un regard sur la longue traînée san-
glante qui témoigne de leurs efforts, et l'adversaire
de son côté en sera réduit bientôt à rechercher dans
le tumulte d'un feu désordonné un adjuvant moral
dont l'inanité ne saurait longtemps tromper son an-
goisse.

Encore une fois, ne nous arrêtons pas pour riposter à la défense.

S'arrêter, c'est avouer son hésitation, car, comment le défenseur pourrait-il admettre que nous
sommes de bonne foi en paraissant compter sur l'efficacité de quelques feux, exécutés à la hâte, avec une

fièvre qui leur enlève toute précision, contre un ennemi abrité auquel précisément chacune de nos haltes permet de reprendre un peu de l'assurance perdue? Compromis par chaque station, aussi courte qu'elle puisse être, les bénéfices si laborieusement obtenus de notre ascendant disparaîtraient bientôt et les rôles ne tarderaient pas à s'intervertir d'eux-mêmes.

L'argument ci-dessus développé milite trop éloquemment en faveur de nos théories pour que nous puissions craindre d'affaiblir sa portée par le fait d'une concession légère.

Aussi n'hésitons-nous pas à dire qu'à la rigueur nous tenons pour admissible le feu en marchant.

Nous supporterions qu'il en fût fait usage dans certaines conditions, quand par exemple les unités chargées de donner l'assaut sont composées d'hommes jeunes et encore peu affermis. L'effet du tir sera insignifiant et, chose plus grave, la marche sera sans doute un peu ralentie, mais l'homme dont une forte éducation militaire n'a pas discipliné les instincts est ainsi fait qu'à certains moments le besoin qu'il éprouve de se servir de son arme, même sans utilité bien déclarée, devient inéluctable.

Il vaudra donc mieux permettre ou même prescrire
que d'être obligé de tolérer.

Mais une troupe vaillante n'en usera pas ainsi :

Appuyée par le feu des nombreuses fractions amies
qui la secondent dans sa tâche, feu dont l'étroite
concentration élève à un haut degré la puissance,
elle marchera résolument, dédaigneuse de l'emploi
de toute autre force que de celle qui lui vient de sa
propre résolution.

Manifestation saisissante de l'énergie morale sans
laquelle, maintenant moins que jamais, il ne saurait
être de succès.

Viennent en arrière de la chaîne, avons-nous dit,
des fractions destinées à assurer la pénétration.

S'il n'y a pas là matière à objections, au moins y
a-t-il matière à éclaircissements.

Ces éclaircissements, nous les donnons spontané-
ment.

A proprement parler, la force de pénétration
manque à peu près complètement à la chaîne, et son
action sera nécessairement insuffisante par suite de
la répartition uniforme de ses éléments sur toute

son étendue devant certains points de la ligne de
défense dont l'occupation nécessite un effort d'une
grande énergie, ou simplement d'une extrême
promptitude.

Ces points intéressants, la défense les dissimule
autant que possible jusqu'au dernier moment, quelle
que soit la nature de l'intérêt qui s'y rapporte, que
cet intérêt provienne de leur faiblesse absolue ou de
l'importance relativement supérieure qu'ils possèdent
par suite des conséquences plus particulièrement
fâcheuses qu'entraînerait inévitablement leur occupation.

La détermination de l'objectif principal basée sur
des considérations d'ensemble est naturellement complètement indépendante de la recherche de ces points
dont la faiblésse est toute locale ou l'importance relative assez étroitement circonscrite, que par suite la
lutte finale seule révèle, mais assez tôt toutefois pour
qu'on puisse encore avec opportunité les assigner
comme objectifs à des unités chargées de les enlever
de haute lutte.

Les nécessités d'un pareil rôle nous amèneront
à donner à ces unités une formation d'une certaine densité. Elles seront donc formées à rangs

serrés et disposées, suivant les circonstances, soit sur une seule ligne avec intervalles, soit en échiquier, chacune d'elles ayant son point de direction distinct.

L'utilité de ce deuxième échelon paraissant démontrée, nous ajouterons que nous n'avons qu'à moitié pourvu aux exigences de sa mission, mais la réalité se chargera de leur donner satisfaction entière.

Nous nous expliquons :

En 1877, devant Plewna, les Russes menaient au début leur offensive par lignes de tirailleurs largement ouvertes. Peu à peu, à la suite d'échecs assez marqués pour que l'issue finale de leurs opérations devant cette place improvisée pût être considérée comme douteuse, indépendamment qu'ils donnèrent plus de profondeur à leurs dispositions, leurs formations, tout en demeurant aussi minces que possible, c'est-à-dire, réduites à un seul rang, devinrent plus serrées : les hommes étaient à peu près coude à coude.

De l'adoption de pareilles mesures, il résulta naturellement que dans les derniers moments, sous l'afflux incessant des éléments d'arrière, les troupes se formèrent comme d'elles-mêmes en colonnes irrégulières devant les points qu'une inspiration instinctive — communément ressentie par des collectivités momentanées — faisait reconnaître à ces masses désagrégées comme d'un plus facile accès.

Et tout aussitôt le succès, longtemps indécis, se manifesta en faveur des Russes, sans qu'ils éprouvassent d'ailleurs des pertes plus sensibles que dans leurs opérations antérieures, c'est-à-dire que pendant la période où leurs chaînes étaient moins denses et où leurs dispositions n'étaient pas suffisamment accusées en profondeur pour qu'elles pussent donner origine à ces formations accidentelles du dernier moment, fait parfaitement explicable du reste, si l'on tient compte —facteur dont nul jusqu'ici n'a suffisamment apprécié la portée— de l'accélération considérable imprimée à l'exécution d'une attaque par le concours, s'élevant comme indéfiniment en puissance, de forces supplétives toujours accrues, faciles à diriger et rapides dans leurs mouvements comme le sont de petites fractions à rangs serrés ; et rappelons incidemment que les troupes turques, pourvues du reste de munitions avec une abondance absolument extraordinaire, étaient armées du fusil Martini-Henry, ré-

puté alors comme le meilleur de l'Europe, et fréquemment disposées, utilisant tant le tir indirect
que le tir direct, de manière à pouvoir exécuter des
feux étagés sur quatre lignes.

Il ne s'agit, on voudra bien le remarquer, que de
la constatation d'un fait, indépendant de toute doc-
trine : Nous disons simplement qu'au cours de la
phase ultime, — il est vrai qu'à ce moment le feu de
la défense moralement dominée sera loin de produire
les mêmes effets — (une troupe sur la défensive qui
laissera l'assaillant arriver jusqu'à moins de 200 mètres est perdue d'avance), — les formations profondes
se substitueront fatalement, par une nécessaire évolution, aux formations délayées qui sont les nôtres,
formations qui sont complètement impropres, comme
tout le monde le sent d'ailleurs, à assurer la pénétration.

En résumé, opposant les deux expressions l'une à
l'autre : « dispositions » et « formations », nous
indiquerons, en terminant, comme l'une des caractéristiques des guerres de l'avenir, le contraste qui
s'établira pour tout observateur, au cours de l'attaque en général, entre le développement considérable des dispositions dans le sens de la profondeur

et la réduction poussée jusqu'au minimum possible des formations, dans le même sens.

Veut-on une indication complémentaire nouvelle? Ajoutons alors que la profondeur des dispositions de l'offensive variera avec la nature du terrain, les distances entre les lignes successives étant d'autant plus considérables que ce terrain sera plus uni, ce qui revient à dire que, fût-ce seulement dans le but d'éviter cette cause de faiblesse qui résultera forcément pour elle de l'augmentation des distances séparant ses échelons successifs, augmentation imposée par la tension de la trajectoire des armes actuelles, l'offensive aura intérêt à transporter le combat décisif sur la partie du champ de bataille qui sera la plus accidentée, tandis que la défensive s'efforcera toujours d'amener la lutte suprême à se poursuivre sur un terrain formant glacis, c'est-à-dire battu sur toute sa surface par des feux rasants.

Ainsi, pratiquement, la nécessité où seront les généraux de faire intervenir des forces suffisantes pour avoir raison de la résistance de la défensive — résistance dont la capacité croîtra dans une mesure qui sera l'origine de bien des stupéfactions — les contraindra de prendre des dispositions accusées en profondeur dans la partie du champ de bataille correspondante au combat décisif.

Au point de vue de l'ordre de combat des grosses unités, quelles seront les conséquences des mesures imposées par les conditions nouvelles, en visant plus particulièrement la capacité de résistance de la défensive?

Assurément, si nous nous adressons à une division isolée, les dispositions qu'elle prendra ne pourront pas beaucoup s'écarter de celles qu'elle a constamment adoptées, c'est-à-dire qu'elle aura un régiment au combat démonstratif, une brigade au combat décisif avec un régiment en première ligne et un régiment en seconde ligne, l'artillerie à l'aile intérieure de la brigade chargée du combat décisif et son quatrième régiment en réserve vers l'aile intérieure de la brigade d'attaque.

Mais, si nous considérons un vaste ensemble, une de ces armées pour ainsi dire innombrables que la nation, tout entière levée, debout, confiera un jour aux chefs qu'elle a d'avance désignés, un ordre de bataille dans lequel prendront place dix, douze, quinze, vingt divisions peut-être, l'on sera nécessairement amené à répudier les errements actuels.

Il suffit d'y penser :

L'un et l'autre adversaires disposeront de masses énormes, et l'un et l'autre aussi seront pénétrés de cette vérité que l'acte de s'étendre et de s'étendre encore sur un front indéfini ne peut aboutir qu'à constituer une forme finale exclusive de tout succès décisif.

Que conclure de ce qui précède, sinon que l'un et l'autre aussi auront une tendance — nous affaiblissons à dessein par l'expression le caractère au fond formel de nos affirmations — une tendance logique à donner une certaine profondeur à leurs dispositions, et nous parlons ici des grosses unités de 1^m ligne.

La capacité de résistance de la défensive les y contraindra tout comme le soin de parer aux mouvements tournants, qui sur les champs de bataille de l'avenir seront exécutés par des masses de 60 ou 80 000 hommes, les a mis dans l'obligation de multiplier le nombre des lignes.

Ajoutons incidemment que les dispositions prises par les deux armées seront analogues car celui des deux adversaires qui adoptera le rôle défensif aura

toujours l'arrière-pensée de passer à l'offensive à un
moment donné.

Les enseignements qu'on peut tirer à ce sujet de
l'étude des grandes manœuvres qui viennent d'avoir
lieu dans le Nord, — en 1890, — aussi précieux qu'ils
soient, ne peuvent être qu'incomplets. Sans changer
les situations au fond, la question du nombre des
combattants influe en effet d'une manière sensible
sur la manière de les considérer et de les résoudre.
Or, les forces mises en présence — 20 000 hommes
de chaque côté environ — aussi considérables qu'elles
nous puissent paraître, ne forment en quelque sorte
que des unités minimes en comparaison des armées
gigantesques qui en viendront aux prises.

De plus, sans rééditer une fois encore ce naïf lieu
commun que les manœuvres ne peuvent être des circonstances de guerre que le reflet pâle et incertain,
il est peut-être à la fois moins banal et plus intéressant dans l'espèce de faire observer que le degré de
ressemblance entre les réalités et leur représentation
cherchée va de plus en plus en s'affaiblissant au fur
et à mesure qu'on approche du dénouement.

Mais, allons tout droit à ce qui nous intéresse et

laissant de côté les divisions chargées de la démonstrative, visons sans tarder celles qui livreront le combat décisif.

Or, en ce qui concerne ces dernières, nous procla-
mons tout net que l'on sera amené à les présenter au
combat sous un front sensiblement réduit, car on
voudra à tout prix se mettre en mesure de pourvoir
avec certitude à l'effort considérable qui sera nécessaire pour rompre la ligne ennemie et se frayer un
chemin jusqu'à l'objectif.

Et nous n'avons pas lieu d'ajouter, en appelant l'attention sur ce point, que l'on disposera, pour arriver
à ces fins, de ressources en hommes pour ainsi dire
inépuisables, puisque la durée de l'attaque étant très
abrégée, les pertes seront au total moindres que si
l'on eût mené l'offensive par vastes lignes largement
ouvertes dont le flottement toujours, les hésitations
quelquefois, — ce ne sont pas de vieilles troupes que
l'on aura à conduire, — auraient doublé, triplé peut-
être, le temps qui sera nécessaire pour tout mener à
bien.

C'est sous le bénéfice des considérations qui précèdent — et de plus pour montrer que nous ne por-

tons rien à l'excès — que nous soumettons la formation d'attaque suivante, applicable à toutes les grosses
unités en général, soit qu'elle constitue l'expression
dernière des dispositions adoptées au début du combat décisif, — elle serait alors obtenue par voie de
transformation, — ou que l'on procède à son établissement d'un trait et simultanément pour toutes les
unités auxquelles on fait appel.

Les indications qui suivent se rapportent à la division:
Front de combat : 1 200 mètres.

1re ligne : 3 bataillons fournissant à la fois la
1re ligne de feu et la 1re ligne d'attaque.

Front d'action de chaque bataillon : 400 mètres.

Distance : 400 mètres; au début naturellement,
c'est-à-dire quand la 1re ligne d'attaque entame son
mouvement.

2e ligne : Forces chargées d'assurer la pénétration :
3 bataillons formés sur deux lignes à intervalles —
les hommes sur un rang — disposées en échiquier,
derrière les « fronts de combat » des bataillons qui
forment la 1re ligne.

Ces bataillons de 2e ligne sont destinés à fournir
à un moment donné les éléments constitutifs des
ensembles partiels, variables au point de vue du

nombre des petites unités comprises, à chacun des-
quels on assignera l'un des objectifs particuliers que
la lutte rapprochée aura fait reconnaître, comme
nous l'avons indiqué dans les pages précédentes
auxquelles nous prions de se reporter.

Distance : 700 mètres.

3ᵉ ligne : échelon de renfort : 3 bataillons formés
comme ceux de la 2ᵉ ligne et disposés, eux aussi,
derrière les fronts de combat des bataillons de
1ʳᵉ ligne, afin de n'apporter aucune gêne à l'exécution
des feux dirigés par les compagnies, auxquelles ce
soin incombe dans chacun des bataillons de 1ʳᵉ ligne,
sur des points désignés qui généralement se confon-
dent avec les objectifs assignés aux ensembles partiels constitués avec les troupes de la 2ᵉ ligne.

L'échelon de renfort devra se trouver à 200 mètres
au plus de l'objectif au moment où l'assaut sera
donné, prêt à intervenir, ce qui sera généralement
indispensable.

4° Les 3 bataillons restants constitueront la réserve.

Si le terrain s'y prête, ces bataillons joindront
leur feu à celui des batteries qui coopèrent directement à l'exécution — à 1 000 mètres environ — ou

16

inquiéteront les réserves de la défense par des salves
à grande distance.

Ils prendront à cet effet sur les flancs, après
s'être fractionnés d'une manière conforme aux nécessités des circonstances et des lieux, des emplacements appropriés à leur mission accidentelle, à
laquelle cependant, en aucun cas, ne devra être
sacrifiée leur mission vraie qui est d'appuyer si cela
devenait nécessaire — ils devront suivre avec la plus
grande attention les péripéties de la lutte — l'échelon de renfort.

L'artillerie divisionnaire portera en avant le plus
grand nombre possible de batteries afin de canonner
l'objectif à petite distance — 1 000 mètres.

Les batteries restantes maintenues sur les emplacements de la préparation continueront, de concert
avec l'artillerie de corps, après avoir modifié leur tir
dans les conditions que nous indiquons plus loin, à
battre l'objectif proprement dit.

En résumé, nous retrouvons, assise sur des bases
plus larges, la formation d'attaque dont nous nous
sommes entretenus dans les pages précédentes,
l'artillerie et les bataillons de réserve jouant en
grand le rôle que nous confions dans le bataillon à

deux compagnies. Nous la retrouvons aussi, répétée sur plusieurs points et comprise plusieurs fois, dans la formation d'attaque d'ensemble elle-même, sous des dimensions alors réduites ; car, en ne mettant en 1re ligne pour un front de 1 200 mètres que 3 bataillons, nous avons ménagé par ce fait à chacun d'eux la faculté essentielle de pouvoir en faire usage.

Comme nous l'avons laissé entendre dans les lignes qui précèdent, nous avons été amené à rechercher les moyens de maintenir concentré sur l'objectif pendant tout le développement de l'attaque, la dernière phase comprise, le feu de toutes les batteries qui, de près ou de loin, appuient l'action de l'infanterie.

Avec la capacité actuelle de résistance de la défensive, cette concentration est indispensable.

De plus, a-t-on jamais bien pesé ce fait que les effets du feu dirigé sur l'objectif pendant la phase d'exécution sont, en ce qui concerne le personnel de la défense, les seuls sur lesquels on puisse compter avec certitude ?

Les résultats du feu de la préparation peuvent en effet, en ce qui concerne le personnel, avoir été insignifiants, ou même nuls, car, après avoir pourvu à l'organisation de la position sur laquelle il se propose de résister, l'ennemi l'évacuera au moment convenable et la laissera dégarnie de' troupes aussi longtemps que l'action de l'attaque ne se manifestera que par le feu de son artillerie.

Un défenseur avisé abritera son monde dans des tranchées aménagées sur les flancs, retirera de leurs épaulements les pièces légères qui les arment, comme le firent constamment les Turcs pendant cette même guerre de 1877 à laquelle nous empruntons encore un document vécu, et attendra que l'infanterie de l'attaque dessine nettement son mouvement, c'est-à-dire que l'adversaire passe à l'exécution, pour venir réoccuper la position qu'il a momentanément évacuée.

Assurément, avec les obus chargés en mélinite dont les batteries disposent, l'organisation matérielle de la défense, qu'il s'agisse d'un ouvrage retranché quelconque ou d'un village fortifié, sera bouleversée largement, mais jamais à ce point que des troupes, intactes comme il est bon de le faire observer, ne puissent en tirer parti; et même, s'il s'agit d'un village, le feu de la préparation exercera-t-il sur l'issue finale de l'opération des influences contradictoires,

car, si la valeur de l'obstacle se trouve affaiblie absolument parlant, le désordre même dans lequel toutes
choses sont jetées aura pour effet, dans le cas où la
lutte s'engagerait pied à pied, d'amener l'action à se
subdiviser d'elle-même en petits combats partiels
épisodiques, dont le caractère est éminemment favorable à la défensive.

L'infanterie du défenseur sera donc dans les meilleures conditions physiques et morales quand elle
ouvrira son feu, ce qui revient à dire, — passant à
l'adversaire, — au moment où l'attaque entrera dans
la phase d'exécution.

Cependant, dès maintenant, cette infanterie devient accessible à nos coups et nous devons rechercher les moyens de donner à notre propre feu, pendant les minutes si courtes dont nous disposons
avant l'assaut, son maximum d'intensité.

En ce qui concerne l'infanterie nous avons dit ce
qu'il est possible de faire.

Parlons maintenant de l'artillerie dont les ressources moins uniformes nous permettront peut-être
d'accomplir un progrès au point de vue d'ailleurs très
simple de l'utilisation des divers genres de tir qu'elle
est susceptible d'employer.

Actuellement, lorsque la préparation a pris fin, la mission de l'artillerie se dédouble.

Un certain nombre de batteries se portent en avant pour appuyer l'exécution de l'attaque; les autres allongent leur tir et agissent sur les réserves de la défense.

Mais, quelque utilité qu'il puisse y avoir d'agir sur ces réserves, il sera toujours, au cours de cette phase finale, d'un intérêt supérieur au précédent de continuer à tirer sur l'objectif de l'assaut.

Du reste, comme il résulte de l'exposition qui fait suite, l'on peut donner satisfaction aux deux intérêts à la fois : parmi les batteries maintenues sur les emplacements de la préparation, quelques-unes continueront à battre l'objectif; les autres, celles qui ne pourront s'associer à cette mission, et il y en aura forcément, allongeront leur tir et canonneront les réserves.

Cette exposition, la voici :

Les unités, qui après avoir participé à la préparation, sont envoyées en avant pour appuyer l'attaque par des feux exécutés à petite distance ne pourront jamais être bien nombreuses, car l'étendue des lignes susceptibles de se prêter avec utilité à leur établissement deviendra très faible, — et les emplacements appropriés à leur action se feront par conséquent assez rares, — dès qu'elles pénétreront dans la zone voisine de l'objectif.

Leur mouvement contribuera, il est vrai, dans une large mesure, à maintenir, à rétablir même, s'il en était besoin, le moral des troupes qui marchent à l'attaque, mais il est à craindre qu'elles soient rapidement mises hors d'état d'agir avec toute l'efficacité désirable, car les effets du feu de l'infanterie du défenseur, encore intacte ou à peu près, seront inévitablement désastreux pour elles.

Cette situation constatée, nous nous demandons comment l'attaque peut la modifier à son profit.

Si l'on considère les batteries qui ont été maintenues sur les emplacements de la préparation, et ce sera le plus grand nombre, il leur deviendra de plus en plus difficile d'appuyer convenablement l'attaque à mesure qu'elle progressera. Pour une portée de 1 500 mètres, distance moyenne à laquelle nos batteries se trouveront de l'objectif, la flèche de la trajectoire du canon de 90 millimètres étant inférieure à 20 mètres, les ordonnées correspondantes aux distances auxquelles les lignes d'infanterie se trouvent de l'origine du tir vers la fin de la phase d'exécu-

tion sont trop faibles, pour qu'on puisse continuer
à tirer sans que ces troupes n'éprouvent, par suite
du passage des projectiles à une faible hauteur au-
dessus d'elles, une impression pénible, — qui deviendrait même, si elle était excessive, préjudiciable à
leur action, — et, chose plus grave, sans qu'elles ne
courent un danger réel.

Certainement, dans des cas majeurs, on doit passer
outre à de pareilles considérations qui sont alors
relativement négligeables; mais une semblable déci-
sion est étrangère comme solution au problème théorique que nous formulons ainsi :

Quel procédé peut-on employer pour arriver à
couvrir l'objectif de feux jusqu'au moment même de
l'assaut, sans exposer les troupes d'attaque à des risques sérieux et aussi sans éveiller chez elles d'inquié-
tudes trop vives ?

La solution que nous proposons est celle-ci.

Réduire légèrement les charges, opération que l'a-
doption d'une gargousse divisible rend maintenant facile, même sur le champ de bataille, de manière à obtenir des ordonnées plus fortes, à relever le tir en un mot,
au moment où l'exécution de l'attaque commence...

Nous ne parlons ici, bien entendu, que des groupes

de bouches à feu qui ont été maintenus sur les emplacements de la préparation ou qui ont été portés
à une très faible distance en avant. En un mot, nous
considérons exclusivement les unités qui ne prennent
point part à la lutte rapprochée à laquelle de rares
batteries, comme nous l'avons dit précédemment,
pourront seules s'associer.

La recherche des limites dans lesquelles il sera permis de diminuer les vitesses de manière que l'étendue
des zones meurtrières des balles et des éclats des projectiles continue à répondre aux nécessités pratiques,
donne lieu à une étude dans laquelle interviennent
des éléments nombreux que nous ne pouvons entre-
prendre ici, mais qu'il est possible de mener à bien.

La valeur des écarts croîtra, il est vrai, à mesure
que la trajectoire deviendra moins tendue, mais elle
croîtra moins vite que celle des ordonnées. Si nous
supposons que l'écart probable en portée, le seul
intéressant à considérer, soit, pour une portée de
1 500 mètres, égal à $8^m,9$, valeur qui pour une
pareille portée correspond à une réduction sensible
de la charge — un peu supérieure probablement à
celle que nous serons amené à introduire dans la
pratique — la différence des écarts probables obtenus

17

avec la charge normale d'une part et avec la charge
réduite d'autre part sera de 50 centimètres environ,
tandis que la hauteur de la flèche aura été portée de
$19^m,5$ à 34 mètres, différence de $14^m,5$ qui sera
proportionnellement inférieure à celle des valeurs des
ordonnées correspondantes aux distances qui nous
intéressent, le degré de courbure de la trajectoire dans
sa branche descendante étant supérieur à celui qui
distingue le point où cette différence de $14^m,5$ a été
constatée.

Ces indications nous sont fournies par les tables de
tir du canon de 90 millimètres. Au moment où ces
tables ont été dressées, les pièces étaient tirées avec de
la poudre dite C_1, mais les valeurs numériques dont
elles font mention sont applicables aux tirs exécutés
avec la poudre nouvelle dite BC, les poids — convenablement réduits — des charges à employer avec cette
dernière ayant été déterminés pour qu'il en fût ainsi.

En supposant donc que, dans de pareilles conditions, nous prescrivions de tirer jusqu'à ce que les
troupes soient arrivées à une centaine de mètres de la
position, c'est-à-dire à une distance supérieure à dix
fois l'écart probable, nous aurons tenu largement
compte des conditions de sécurité que nous devons

leur assurer, et nous ajouterons que le tir étant fortement surélevé, — on sera toujours à même, du reste,
de réduire peu à peu les charges de manière à obtenir
des hauteurs convenables, — l'impression produite
par le passage des projectiles — qui, dans les derniers moments, il est vrai, éclateront au-dessus d'elles,
— sera fortement atténuée, si on la compare à celle
qu'elles éprouvaient quand le tir était exécuté avec la
charge normale.

Nous devons tout naturellement tenir pour admis
que le tir est parfaitement réglé, ce qui revient à dire,
en supposant qu'on soit passé du tir percutant au tir
fusant, — substitution imposée par le changement de
nature du but et toujours possible à opérer depuis que
nos projectiles sont armés d'une fusée à double effet,
— que l'origine de la zone de dispersion correspondante
à la gerbe de balles de nos obus devra se trouver à
peu près exactement au but même. Si cette condition
est satisfaite, et il est indispensable qu'elle le soit,
l'origine de la zone des éclats, qui est moins éloignée
du point d'éclatement que l'origine de la zone de dispersion des balles, étant située, avec la portée et dans
les conditions qui nous occupent, à environ 10 mètres
en deçà du but, — circonstance qu'il n'est que naturel

de rechercher, puisque ainsi la densité du tir atteindra son degré maximum sur les points les plus intéressants, — la distance à laquelle les troupes seront de la zone battue, au moment où l'artillerie suspendra son feu, sera d'environ 90 mètres.

Arrivé à ce point de notre exposition, il est convenable de faire observer que, d'une manière générale, les risques d'atteindre les troupes chargées de donner l'assaut, diminueront dans une forte proportion, car l'apparence confuse que prenaient autrefois leurs mouvements, par suite de la fumée qui les enveloppait, disparaîtra pour faire place à une netteté parfaite des contours déterminants des groupes qui au cours de la phase dernière se presseront vers l'objectif. On sera, par suite, en mesure d'appuyer l'action des troupes d'infanterie au delà des limites précédemment imposées par le souci de leur propre sécurité.

Cette remarque incidente étant close, nous ajouterons que l'adversaire étant abrité, il est nécessaire que les éclats et les balles arrivent sur le but avec de fortes inclinaisons, en d'autres termes, que l'angle de chute soit largement ouvert, condition à laquelle la réduction des charges permet seule de donner satisfaction dans les conditions qui nous occupont, et une satisfaction d'autant plus large que, pendant la phase considérée, les formations de la défense n'ayant plus qu'une faible profondeur, il nous importe peu que, dans la zone de dispersion des projectiles, la zone meurtrière soit très étendue dans ce sens de la profondeur, et, par conséquent, que la vitesse restante du projectile, au moment de son éclatement, soit considérable.

En réalité, l'on ne peut guère opposer à notre proposition que deux objections : l'une qui est relative au réglage du tir, l'autre qui s'adresserait à la sensibilité de la fusée, sensibilité que l'on proclamerait insuffisante.

A notre avis, on ne saurait arguer de la difficulté qu'il y a de passer, au cours même de l'action, d'une nature et d'un genre de tir, à une autre nature et à un autre genre de tir pour repousser notre proposition, car, si le réglage du tir dont nous réclamons l'emploi est un peu délicat, il sera toujours possible, d'autre part, de pourvoir à ce soin d'avance dans chaque batterie. Au cours de la phase de préparation, — et l'offensive a généralement la faculté de prolonger cette phase autant qu'il lui convient, — une pièce désignée exécuterait le tir fusant à charges réduites, alors

que les cinq autres procéderaient par salves percu-
tantes, de manière à produire sur l'obstacle le maximum d'effet possible, et, autre avantage, moins direct, mais que nous avons lieu de rechercher ici, à
rendre plus facile, — en établissant une distinction
bien tranchée entre le tir de la première pièce et celui
des cinq autres, — l'observation des coups de la
pièce qui tire isolément. Ce réglage assuré, une
simple indication permettrait, le moment venu, de
passer d'un tir à l'autre.

Du reste, s'il devait se produire quelques hésitations, rien ne s'opposerait à ce que le tir à charges
réduites commençât avant l'ouverture de la phase
d'exécution.

L'objection qui se rapporte à la sensibilité de la fusée n'est pas sérieuse, car on peut, sans inconvénient,
augmenter jusqu'à l'extrême limite désirable la sensibilité de l'appareil concutant, toutes les considérations relatives aux dangers provenant des fusées trop
douces s'appliquant exclusivement à l'appareil percutant, qui, n'ayant ici à fonctionner qu'éventuellement, peut demeurer tel qu'il est sans modifications.

Il est possible du reste de donner à la question qui

nous occupe une autre solution, basée celle-là, non
plus sur la réduction de la charge, mais tout à la fois
sur la portée considérable du canon de campagne
actuel et sur l'utilisation du tir indirect.

Maintenir les batteries, pendant la préparation et
l'exécution de l'attaque, sur les emplacements mêmes
qu'elles occupaient pendant le duel d'artillerie,
c'est-à-dire à des distances variant entre 2 500 et
3 000 mètres de l'objectif,— cet objectif se confondant
la plupart du temps avec les emplacements occupés
par quelques-unes des batteries adverses, — ne constituerait sous ce rapport qu'une sorte de solution de
moyen terme que nous déclarons insuffisante; mais
le fait d'établir les batteries qui doivent préparer
l'attaque et appuyer son exécution à 5 000, 6 000,
7 000 mètres de l'objectif, nous donnerait entière satisfaction.

Dans la plupart des cas, ou, si l'on veut, étant
données les conditions topographiques les plus fréquentes, on sera obligé d'avoir recours au tir indirect; mais, indépendamment que les méthodes
appliquées à ce genre de tir sont déjà assez per-
fectionnées pour qu'on puisse d'avance considérer
comme acquis le résultat cherché, c'est-à-dire la con-

centration des feux sur un espace assez étroitement limité, il sera toujours possible de mettre en communication avec les batteries par un fil téléphonique le ou les observateurs qui pourront, dissimulés par quelque obstacle, restant couchés d'ailleurs, pourvus de bonnes jumelles au surplus, constater les effets obtenus et transmettre à l'origine du tir toutes les indications utiles, et cela dans les meilleures conditions, car des individus isolés auront toujours la faculté de s'avancer jusqu'à quelques centaines de mètres de l'objectif sans courir des risques bien sérieux.

Est-il besoin d'ajouter que dans les conditions actuelles, ces batteries seraient à peu près invulnérables ? La grande distance à laquelle elles seront de l'ennemi rendra même le plus souvent complètement inutile toute disposition ayant pour objet de les abriter des vues, mais si on le jugeait indispensable, rien ne s'opposerait à ce qu'on les dérobât complètement — en les masquant par quelque couvert naturel ou artificiel — aux recherches de l'adversaire.

Des expériences ont été faites déjà, du reste, à l'étranger au point de vue de l'utilisation du tir de l'artillerie dans ces dernières conditions.

Nous n'insistons pas davantage.

Il appartient à l'arme qui jouera dans les luttes futures le rôle prédominant, de réaliser les progrès, tous les progrès, dont les conditions probables de ces luttes rendent l'accomplissement nécessaire ou même simplement désirable.

En résumé, l'emploi des voies et moyens dont nous proposons l'adoption aura pour effet :

1° De donner satisfaction à des considérations psychologiques de premier ordre :

2° D'utiliser dans une mesure plus large qu'on ne l'a fait jusqu'ici dans l'offensive la puissance de l'armement considérée au triple point de vue de la portée, de la précision, et de la rapidité du tir ;

3° D'assurer nécessairement l'étroite concentration sur l'objectif des feux d'infanterie et d'artillerie ;

4° Enfin, de conserver à ces derniers toute leur intensité pendant ces minutes pour nous précieuses où l'adversaire ne peut plus se dérober à leurs effets.

Considéré à part, le rôle de l'artillerie, en supposant que l'on adopte la première des deux solutions indiquées, peut être ainsi défini :

A. Réduire l'artillerie adverse. — Tir percutant d'abord, fusant ensuite ;

B. Préparer l'attaque. — Tir percutant ;

C. Exécuter l'attaque ; détriplement du rôle.

Le plus grand nombre possible d'unités se portent en avant pour concentrer à petite distance leurs feux — percutants — sur l'objectif de l'assaut.

Les batteries qui distinguent nettement l'objectif et ses abords immédiats dans un rayon de 300 ou 400 mètres au moins, passent au tir fusant et couvrent l'objectif des balles et des éclats de leurs shrapnels, jusqu'au moment où les troupes d'assaut arrivent à une centaine de mètres de cet objectif.

Celles qui le voient moins bien allongent très fortement leur tir de manière à balayer le terrain en arrière, en croisant leurs feux sur le prolongement de la direction de l'attaque, ou, éventuellement, le dirigent sur d'autres points d'appui de la défense indépendants de l'objectif principal pour en faciliter l'occupation à l'infanterie quand l'attaque aura réussi.

En somme, en ce qui concerne les batteries maintenues sur les emplacements de la préparation, le parti à prendre dépend des conditions plus ou moins favorables dans lesquelles l'objectif est perçu, aussi des nombreuses circonstances accidentelles qui peuvent se manifester au cours de la phase d'exécution,

mais en partant toujours de ce principe que l'objectif
de l'assaut doit être battu toutes les fois et aussi longtemps que possible de plein fouet ou en utilisant le
tir plongeant à charges réduites.

La mise en œuvre de pareils moyens, cet appel
suprême fait aux ressources dont dispose pour vaincre chaque arme prise séparément, paraîtra nécessaire au moins attentif des observateurs s'il veut bien
considérer que le sort de toute une campagne peut
dépendre de l'issue d'une attaque dirigée contre une
position déterminée.

En nous exprimant ainsi, notre pensée se reporte
à la journée du 18 août 1870, qui exerça sur la suite
des événements une influence trop funeste pour qu'on
puisse discuter la légitimité de l'exemple dont nous
faisons choix pour le produire à l'appui de notre affirmation.

Insuffisamment préparée par l'artillerie, une première attaque sur Saint-Privat échoue.

La journée était compromise pour les Allemands,
et il eût suffi qu'ils éprouvassent un second échec
devant la position pour que son issue finale tournât
contre eux.

Cependant, on procède à une nouvelle préparation. Des groupes nombreux d'artillerie interviennent.

A sept heures du soir, quatorze batteries saxonnes établies la gauche à Roncourt, face au Sud-Est, et dix batteries de la garde prussienne, en position à l'Est de Saint-Ail — au Sud de la chaussée qui va de Sainte-Marie-aux-Chênes à Saint-Privat, — préparent par un feu concentrique, dont on devine la puissance, les voies à l'infanterie.

Maintenu dans toute sa violence pendant la phase d'exécution, ce feu ne subit qu'assez tard un ralentissement, puisque, comme en témoigne la relation officielle du grand état-major prussien, « les obus des Allemands ne cessèrent pas de tomber dans le village même pendant l'assaut », fait qui n'a pu se produire sans causer quelques pertes aux Allemands eux-mêmes.

Mais l'attaque réussit, et, devant la grandeur du succès, le vainqueur, s'il eut connaissance de certains incidents fâcheux, ne leur donna pas une longue attention.

Au moment où éclataient, fulgurants, écrits avec l'épée, les premiers mots de cette épopée magnifique, orgueil d'un peuple, que les échos, émus encore, ne cessent point de redire, comme pour nous rappeler

quelque hautain défi, toutes les impressions de-
vaient s'effacer, se fondre, dans le sentiment solennel,
du triomphe de la journée, gage hélas ! avec trop de
certitude pressenti des définitifs lauriers.

La sensation morale éprouvée par le vaincu ne fut
pas du reste de son côté moins profonde, car, dès ce
moment, les grandes espérances s'éteignirent et, sé-
vèrement circonscrit par les froides réalités, le cercle
des rêves conçus par nos cœurs souffrants se fit
chaque jour plus restreint.

Lorsque au moment des négociations du traité de
Francfort, Guillaume I" exprima la volonté que Saint-
Prival et les territoires de son voisinage immédiat
fussent compris dans les limites du nouvel empire,
il crut devoir faire allusion au sentiment de deuil que
le nom de ce village désormais célèbre ne cessait pas
d'évoquer en lui ; mais le souvenir auguste dont il hono-
rait ainsi les victimes nombreuses, qui dans les rangs
de la garde prussienne et du corps saxon succom-
bèrent au cours d'une lutte présente à toutes les mé-
moires, dut être traversé par un élan de reconnaissance,
car c'est dans cette journée du 18 août que, cimentée
par un sang fécond, l'unité de la jeune Allemagne de-
vint un fait accompli et que notre sort à nous— depuis

vingt ans déjà subi — fut pour de longs jours résolu.

Dans la vie des nations comme dans celle des hommes, des événements se produisent qui, virtuellement, contiennent des destinées tout entières.

La chute de Saint-Privat — simple issue d'une attaque heureuse — est de ce nombre.

Nous ne fermerons point ce chapitre sans faire observer que dans notre exposition nous avons associé, sans jamais les séparer, les rôles de l'infanterie et de l'artillerie.

Considérée seule, la tactique d'une arme n'offre du reste qu'un intérêt médiocre, sans doute parce qu'en procédant ainsi l'on s'éloigne trop des conditions de la guerre où nulle affaire un peu sérieuse ne se poursuit sans que les trois armes y concourent; l'action de chacune d'elles, prise isolément, ne pouvant aboutir qu'à des résultats incomplets.

Par suite, le simple examen des relations qui s'établissent entre elles sur le champ de bataille est appelé à nous révéler les progrès, les progrès utiles, dont nous devons poursuivre la réalisation, bien avant l'analyse, même approfondie, des procédés dont elles font usage; cette analyse est, à un moment donné, nécessaire, mais elle ne saurait pratiquement avoir d'autre but que de chercher à remédier aux imperfections qui ont été mises en relief par cet examen.

Développant notre pensée, nous dirons que si les diverses armes intervenaient dans la lutte par la simple juxtaposition de leurs effets, elles pourraient sans inconvénient travailler chacune de leur côté au perfectionnement de leur rôle tactique considéré isolément, mais que comme au contraire les résultats effectifs de leur intervention se traduisent sous la forme de la part à laquelle chacune d'elles peut légitimement prétendre dans les résultats sensibles d'une coordination qui en multipliant les uns par les autres les effets particuliers à chacune d'elles en élève à un haut degré la puissance, il est d'un intérêt majeur de tenir un compte des plus sérieux, dans les études provoquées par ce travail de perfectionnement, du lien étroit qui dans les circonstances de guerre s'établit toujours entre elles.

C'est donc, au point de vue de la recherche de ces progrès, une condition qui semble défavorable que d'avoir introduit dans l'organisation de l'enseignement supérieur de la tactique une distinction par trop tranchée entre les diverses armes.

Cette distinction est forcément du reste plus apparente que réelle, car la relation naturelle qui existe entre les diverses catégories d'un même ordre exerce une influence trop active sur l'esprit pour que ce dernier puisse résister longtemps à la sollicitation qui le pousse incessamment à franchir les limites non pas conventionnelles, mais trop strictes, dans lesquelles on l'a enfermé.

On ne saurait s'évertuer indéfiniment à maintenir délié un faisceau qui de lui-même se reforme sans cesse.

Nous n'ignorons pas qu'un cours de tactique générale assure, entre les trois cours de tactique particulière à chaque arme une certaine liaison, mais cette liaison nous semble insuffisante, et à la concordance qui existe assurément, nous préférerions l'unité.

C'est dire que nos vœux se traduiraient pratiquement par l'installation d'un cours unique fait par un professeur unique, convenablement assisté d'un personnel d'adjoints choisis parmi les officiers supérieurs de toutes armes.

Chaque arme a du reste son École spéciale et, dans un Institut militaire d'un ordre élevé ce sont beau-

coup moins de nouvelles analyses qu'on doit présenter
aux auditeurs que de larges expositions visant des
ensembles et soumises, au point de vue de la conception de la forme, à la préoccupation constante de la
recherche de l'aspect — qui forme comme l'expression manifestée de la synthèse poursuivie dans ce
but — le plus propre à mettre en lumière les nécessités du temps présent et dans une certaine mesure
celles de l'avenir, ou, si l'on veut, sous une autre
forme, remontant jusqu'au début de nos réflexions,
— c'est-à-dire considérant la relation dont nous
avons reconnu le caractère à la fois naturel et indispensable, — le but supérieur des études dans une
Académie de guerre doit être de tracer aux spécialités les voies à suivre sans aller trop loin dans
l'analyse nécessaire de ces spécialités, but dont la
recherche nous paraît peu compatible avec la présence
vraiment trop lourde pour le cours de tactique générale, de trois cours de tactique — même « appliquée »
— particulière d'arme, car chacun d'eux, par suite
d'une sorte d'effet en retour, cherche à peser sur l'ensemble du poids le plus fort possible.

En résumé, il eût été opportun, selon nous, au
moment où l'on a pourvu à cette organisation, de se

rappeler qu'à la guerre l'on se préoccupe beaucoup
plus de combiner convenablement les actions des
trois armes que d'obtenir le maximum de rendement
dont chacune d'elles est susceptible, et il n'eût sans
doute échappé à personne qu'en tenant compte des
considérations qui précèdent il se fût établi entre la
manière de présenter les sujets dans l'enseignement
théorique, l'application à titre d'étude des théories
sur le terrain et les nécessités pratiques du commandement dans les réalités du combat une correspondance qui n'eût pas été sans prix.

Le chapitre suivant est consacré à la défense.

IV

DE LA DÉFENSE

De tout ce qui précède, il ressort qu'il y aura fréquemment intérêt à se maintenir sur la défensive jusqu'au moment où, les chances des deux partis tendant à s'égaliser, un changement d'attitude sera nécessaire.

D'une manière générale même, en ce qui nous concerne, nous Français, la substitution de l'offensive à la défensive s'imposera impérieusement, car notre impressionnabilité — qui à la guerre, à la guerre telle qu'elle est aujourd'hui, constitue un défaut plus qu'une qualité, cela dit, bien qu'au fond de nous-même cette susceptibilité nerveuse excessive nous semble constituer une preuve de la finesse de notre race et que nous n'en parlions pas sans une certaine complaisance — est assez développée pour que nous nous sentions moralement atteints, amoindris, par le fait seul d'attendre le choc passivement.

Nous l'avons dit. Il suffira que la défensive édifie quelques travaux légers pour jouir des bénéfices d'une double invisibilité relative.

Ses feux seront alors redoutables.

Toutefois, les conditions du duel qui s'engagera entre les batteries de la défense et celles de l'attaque seront très différentes de celles du combat qui interviendra subséquemment entre les deux infanteries.

Il suffit d'observer qu'indépendamment du jet de flamme projeté au moment de la détonation, la fumée légère qui s'élève au-dessus des pièces, — nous serons absolument sobres de détails, — aussi peu apparente qu'elle soit, peut être distinguée à l'aide des longues-vues que dans toutes les armées les batteries comptent dans leurs assortiments, et que, près des points de chute, les vitesses correspondantes aux portées auxquelles le tir s'exécute au cours du duel d'artillerie sont assez faibles pour que la direction des projectiles ou de leurs éclats puisse être reconnue,

indices et moyens d'observation qui manquent à
l'infanterie, car la fumée dégagée par son feu est insaisissable, les instruments lui font défaut et les projectiles qu'elle tire échappent à la vue par suite de leur
grande vitesse et surtout de leurs faibles dimensions.

Nous ne voulons pas dire que la lutte entre les
deux artilleries s'ouvrira dans des conditions iden-
tiques à celles d'autrefois, mais il est néanmoins
probable qu'il ne s'écoulera pas plus de deux ou trois
minutes entre l'ouverture du feu par l'une et la
riposte de l'autre, la situation réciproque des deux
artilleries adverses devenant d'ailleurs rapidement
conforme à celle dans laquelle elles se trouvaient
précédemment, car les emplacements des batteries
étant reconnus et distingués, comme les moyens de
réglage n'ont pas changé, — il va de soi que les
obus sont toujours chargés en poudre noire, — il
n'y a aucune raison pour que l'adoption du nouvel
agent balistique apporte un trouble, au moins grave,
à l'état de choses préexistant.

Au contraire, dans le combat entre les deux infanteries, la défense demeurera très longtemps prépondérante, car, indépendamment qu'elle exécutera
ses feux dans des conditions matérielles de sécurité

qui suffiraient pour leur donner une grande précision, l'incertitude dans laquelle demeurera l'attaque
relativement aux emplacements correspondants à
l'origine du tir l'obligera souvent à en subir passivement les effets.

Ajoutons incidemment qu'il deviendra plus que
jamais nécessaire, lorsqu'on recherchera le degré
d'efficacité probable de l'action d'une unité déterminée, de se préoccuper de savoir si elle est appelée
à combattre contre une unité congénère ou non. C'est
ainsi que l'infanterie de l'attaque dont nous avons
constaté l'impuissante infériorité vis-à-vis de l'infanterie de la défense sera souvent en mesure de co-
opérer utilement à la préparation de l'attaque exécutée par l'artillerie amie en dirigeant des feux de salve
sur les batteries de la défense, l'objectif constitué
par ces batteries, tirant derrière des épaulements ou
non, étant, par suite de ses dimensions et de son
aspect caractéristique, souvent possible à discerner,
et, de plus, l'artillerie amie voisine étant à même de
fournir tous les renseignements propres à assurer
les bons effets de ces feux.

Au contraire, nous le répétons, en ce qui concerne l'infanterie adverse, aux distances qui présen-

tement nous intéressent, les feux que l'attaque diri-
gerait sur elle seraient de nul effet, le but à battre
demeurant non seulement indistinct, mais encore à
peine déterminé.

Des considérations développées ci-dessus, nous
conclurons que, dans la plupart des cas, la défensive
sera assez forte naturellement pour se permettre de
s'affranchir des embarras d'une organisation matérielle compliquée.

La défensive ne renoncera généralement pas cependant à couvrir ses troupes de 1re ligne, à moins
qu'il ne s'agisse d'une occupation tout à fait passa-
gère; mais si elle est appelée à jouir constamment
des bénéfices de la faculté de pouvoir dissimuler
aux vues de l'ennemi les forces disposées sur son
front, elle ne jouira pas de cette faculté au même
degré en ce qui concerne ses réserves, composées
d'unités de toutes armes, qui, abritées ou non, seront
susceptibles d'être très sérieusement inquiétées par
l'artillerie de l'offensive, étant données les conditions
topographiques dans lesquelles on sera le plus souvent obligé d'organiser la défense.

Nous nous expliquons :

En principe, il convient, pour asseoir une organisation défensive, de faire choix d'un terrain dont la configuration soit telle que la crête topographique puisse être utilisée comme crête militaire — nous parlons de l'arête de recoupement de deux pentes très douces ou encore, bien que la condition soit moins favorable, de la crête d'un plateau qui se raccorde au thalweg de la vallée par un flanc peu incliné.

Cette condition est favorable, car il suffit d'établir la ligne principale soit à la crête même, soit un peu en avant — à une faible distance cela va de soi — pour que les réserves soient abritées.

Mais il est rare que l'on ait la faculté de pouvoir procéder à une organisation défensive, normalement raisonnée, dans de pareilles conditions.

Ou, traduisons :

Dans la plupart des cas, la crête militaire étant déterminée, non plus par le recoupement de deux pentes de sens opposés, mais par une variation dans le degré d'inclinaison d'une pente donnée, lorsque l'offensive considérera les positions de la défense, elle percevra, au delà de la ligne principale, une zone plus ou moins profonde s'étendant jusqu'à la ligne de faîte ou crête topographique.

Cette zone est-elle de faible profondeur, la défensive peut sans inconvénient maintenir ses réserves en arrière de la ligne de faîte, et nous sommes ramenés au cas précédent.

Mais si cette zone présente une profondeur notable; si de plus, comme il arrive fréquemment vers les sommets, elle est nue et découverte, la question change absolument.

Il ne peut pas être question de nous porter en arrière de la crête militaire, puisqu'en agissant ainsi nous cesserions d'avoir des vues sur les abords, au moins immédiats, de la position, et nous ne pouvons sans danger sérieux rejeter nos réserves en arrière de la crête topographique, c'est-à-dire à une distance de la ligne principale dont l'excès pourrait compromettre les effets de leur intervention.

En supposant même qu'elle s'imposât la lourde tâche de créer des abris à ses unités de seconde ligne, la défense n'assurerait pas nécessairement de ce fait leur sécurité, car ces abris, échelonnés en profondeur, seraient vus et la protection qu'ils assureraient à ces troupes serait plus apparente que réelle. Le canon de l'attaque ne tarderait pas à le lui prouver.

20

Aussi, dans les conditions les plus fréquentes, l'offensive se trouvera-t-elle dans l'obligation stricte d'organiser une avant-ligne de manière à contraindre les batteries de l'offensive de prendre position à des distances trop considérables de sa ligne principale pour qu'elles puissent agir efficacement sur ses réserves.

Il suffit, pour établir la nécessité où se trouve la défensive de pourvoir à cette organisation complémentaire, de supposer qu'elle se soit abstenue d'en prendre le soin.

Les conditions topographiques sont telles que nous les avons indiquées en dernier lieu;

Le défenseur a omis ou négligé d'établir une avant-ligne;

Quel sera le trouble apporté dans l'organisation des dispositions intérieures de la défense?

Le duel d'artillerie s'engage. Il se poursuit avec des chances diverses; mais, rationnellement, nous devons supposer que l'artillerie de l'attaque prend la supériorité sur celle de la défense, car il est toujours implicitement admis par hypothèse que l'offensive fait intervenir dans l'action des éléments de tout genre plus nombreux que ceux dont la défense dispose.

Cette supériorité établie, l'attaque se contente de riposter avec quelques batteries à l'artillerie de la défense qui ne répond plus maintenant que faiblement, et s'empresse d'assigner au feu des batteries disponibles un objectif différent. Lequel? Il est tout indiqué, ce sont les réserves de la défense, et l'action à laquelle elles sont dès maintenant exposées peut leur être des plus funestes, car, pour les canonner, les batteries disponibles de l'attaque seront dans des conditions meilleures que jamais, par suite de la netteté avec laquelle les êtres et les objets sont dorénavant distingués jusqu'aux extrêmes limites de l'horizon.

Nous ne voulons pas dire que les mouvements des réserves passaient autrefois inaperçus, mais en fait les batteries de l'attaque les distinguaient mal et en étaient fréquemment réduites à les supposer.

Or, sans aller jusqu'à l'excès, on peut affirmer qu'il sera plus aisé qu'autrefois d'accompagner de la vue leurs déplacements, et que par suite le feu qu'ils provoqueront, d'assez peu efficace qu'il était, deviendra plus meurtrier.

Les circonstances les plus favorables à l'action des batteries de l'attaque se produiront au moment où la

défense, ayant reconnu, par suite du caractère convergent du feu de l'adversaire sur certaines parties du
front qu'elle occupe, l'objectif ou les objectifs dont
l'offensive a fait choix, dirigera sur les points mena-
cés ses troupes de réserve, en totalité ou en partie.

Assurément, dans les conditions défavorables où
elle se trouve, la défense aura intérêt à retarder leur
mise en mouvement le plus longtemps possible, c'est-
à-dire jusqu'au moment où l'infanterie ennemie pro-
noncera son attaque, car l'attention de tous se con-
centrant pour ainsi dire instinctivement sur l'objectif,
leur marche serait sans doute moins inquiétée ; mais
il est à craindre alors, si les minutes sont trop exactement comptées, que l'intervention des réserves
ne se produise que tardivement et par suite sans
grande utilité.

Mais, par contre, qu'arrivera-t-il, en supposant
que jusque-là elles aient pu tant bien que mal se
soustraire aux vues de l'attaque, si, dans l'heure
même où les batteries qui ont reçu mission d'agir
sur elles, n'attendent, tout entières à cette mission,
qu'un indice, qu'une manifestation extérieure quelconque pour ouvrir le feu, on les dirige sur le point
où le renfort qu'elles apportent doit être bientôt né-

cessaire, c'est que, gênées, traquées par une artillerie puissante, ces réserves en seront le plus souvent
réduites, après une série de tâtonnements, à regagner
péniblement leurs emplacements de refuge, inappro-
priés sans doute, par suite de leur éloignement de la
ligne de défense proprement dite, à la mission finale
essentielle qui leur incombe.

Et les conséquences de l'immobilité fâcheuse qui
leur est imposée pourront aller jusqu'à contraindre
la défense privée de ses troupes les plus intéres-
santes, de ses troupes de manœuvre, de se renfer-
mer dans une attitude purement passive : il suffira
pour cela que l'artillerie de l'attaque, en supposant
qu'elle dédaigne d'inquiéter les réserves aussi longtemps qu'elles demeureront sur les emplacements où
elles se sont blotties, leur interdise d'en déboucher,
supprimant ou du moins limitant ainsi de la manière
la plus étroite les effets de leur intervention ulté-
rieure possible.

Les conditions dans lesquelles se développera la
lutte seront toutes différentes si la défense se couvre
d'une avant-ligne.

Fortement constituée, cette ligne nous permettra

d'opposer une résistance assez prolongée pour que l'ennemi soit engagé à fond au moment où il arrivera à y prendre pied, moment que dans une certaine mesure, en dirigeant adroitement sa défense, nous pouvons déterminer nous-même. De cette façon, l'attaque sera contrainte de prendre la situation telle qu'elle est, sans chercher à la modifier à son profit, en rompant le combat par exemple pour se reporter en arrière, en vue d'entamer une lutte nouvelle au cours de laquelle elle serait affranchie des embarras résultant de l'interposition de notre avant-ligne, disposition qui ne lui a pas permis de tirer parti des conditions désavantageuses dans lesquelles nous avons été obligé d'asseoir l'organisation défensive de notre position en arrière. Si exceptionnellement — et l'exception ne pourrait être provoquée que par notre impéritie — l'ennemi, insuffisamment engagé, avait la faculté de procéder ainsi et usait de cette faculté, la défense devrait se jeter immédiatement sur l'avant-ligne pour la réoccuper.

Il convient, avant d'aller plus loin, de faire observer que les troupes d'avant-ligne doivent être très légères, très alertes et commandées par un officier rompu à la manœuvre.

Car, si, d'une part, elles doivent amener l'offensive à s'engager à fond, il faudra aussi qu'elles-mêmes à un moment donné disparaissent de manière à n'être pas une cause de gêne pour la ligne principale, et le fait de substituer, tout en les liant l'une à l'autre, l'action de la ligne principale à celle de l'avant-ligne, constitue un résultat, à la fois double et complexe, dont la poursuite ne laisse pas que d'être délicate.

On oppose à l'attaque de nouveaux adversaires, on lui impose un nouveau genre de lutte, mais il faut qu'elle trouve toujours des adversaires et aussi que la lutte ne soit pas interrompue.

Comme manœuvre à exécuter, il n'y en a qu'une de possible, — cet état d'unité n'a rien qui doive surprendre car, multiples, les solutions supposent toujours des problèmes simples — c'est de livrer peu à peu, lentement, la possession du centre et de s'échapper par les ailes.

On pourra établir avec utilité dans le but de faciliter, en le décomposant, le mouvement que feront les troupes de l'avant-ligne pour rallier le gros, quelques tranchées-abris sur les flancs et en avant du front défensif. Ces troupes y feront une halte momentanée;

elles s'y établiront même définitivement ou temporairement, si l'intérêt de la lutte nouvelle ouverte
maintenant venait à l'exiger.

Y a-t-il quelque intérêt à introduire ici un aperçu,
que nous chercherons du reste à rajeunir le plus possible, sur le jeu réciproque des deux lignes, avant-
ligne et ligne principale?

Nous le croyons, car c'est seulement à cette condition que nous pourrons avoir une idée nette de
l'aspect du combat au moment où l'attaque, poursui-
vant sa lourde tâche, débouchera des emplacements
de la première pour marcher sur la seconde.

Les conditions auxquelles doivent satisfaire les deux
lignes pour être en mesure d'agir convenablement
l'une sur l'autre dans leur jeu réciproque sont les
suivantes :

La distance entre les deux lignes doit être faible :
1 200 mètres au maximum, de manière que le défenseur puisse battre les débouchés de l'avant-ligne
par des feux d'infanterie à bonne portée ;

Les deux lignes doivent former entre elles un angle

assez ouvert afin d'embarrasser l'attaque, de la rendre plus hésitante et d'agir sur ses troupes par des feux d'écharpe aussi longtemps qu'elle n'aura pas redressé sa direction, si elle s'y résout, car l'opération est des plus délicates.

Il va de soi que la zone comprise entre les deux lignes doit être entièrement dégagée de tout couvert.

Ajoutons, bien que cela ressorte implicitement de la discussion générale du début, qu'elle doit former glacis et ne se dérober à l'action de la défense dans aucune de ses parties.

Bref, les troupes de la ligne principale doivent pouvoir la couvrir de feux rasants sur la totalité de son étendue.

D'autre part, la ligne principale et l'avant-ligne doivent répondre, en ce qui concerne leur constitution propre, à des conditions absolues dont la satisfaction — considérée au point de vue de son entier accomplissement — doit être pleinement subordonnée au maintien de la relation dont nous parlons ci-dessus, cette observation s'adressant particulièrement à l'avant-ligne.

La ligne principale sera constituée par des retranchements de faible relief, de forte épaisseur et facilement franchissables.

De faible relief, afin d'échapper aux vues.

Remarquons d'ailleurs qu'un fort relief s'impose de moins en moins à mesure que les trajectoires deviennent plus tendues, la profondeur de la zone protégée croissant en raison inverse de l'amplitude de l'angle de chute.

De forte épaisseur, afin de pouvoir résister à la force de pénétration considérable des projectiles actuels.

Facilement franchissables ou si l'on veut ne comportant aucune tranchée profonde, de manière que les troupes puissent passer rapidement et sans embarras de la défensive à l'offensive, et inversement.

Absolument parlant, l'avant-ligne n'a que deux conditions à remplir : autant que possible former rideau et ne comprendre dans son tracé aucun obstacle assez étendu en surface, un massif boisé par exemple, pour qu'il puisse être utilisé par l'ennemi.

C'est dire que, seules, les ressources rencontrées sur le terrain seront susceptibles de nous donner satisfaction, qu'elles soient naturelles : bouquets de

bois, rideaux d'arbres, etc., ou simplement préexistantes à la lutte : constructions légères, murs de clôture, etc. Il s'agit, en somme, d'organiser défensivement les obstacles que le terrain nous offre et de
les relier entre eux, s'il est nécessaire, par de petits
retranchements.

Si nous revenons maintenant à la relation des deux
lignes entre elles, nous croyons qu'il est possible de
l'assurer, tout en donnant une satisfaction large aux
exigences propres à la défense de chacune d'elles en
particulier, et cela, en établissant un accord basé sur
le système des concessions réciproques.

Car, d'une part, l'obligation d'asseoir notre organisation défensive sur une position défectueuse au
point de vue topographique étant admise, il est difficile de supposer que sur l'étendue limitée, mais encore considérable, où il nous est loisible d'exercer
utilement notre choix en ce qui concerne les emplacements des ouvrages à créer, nous n'en trouvions point qui, tout en répondant aux nécessités
d'une bonne défense, soient également de nature à
nous permettre d'établir la relation cherchée, ce qui
revient à dire que la position à occuper étant stric-

tement imposée, mais que les emplacements ne l'é-
tant que dans une certaine mesure, nous mettrons
cette latitude à profit; et, d'autre part, si nous ne
sommes pas appelé à jouir d'une égale liberté en ce
qui concerne l'orientation de l'avant-ligne puisque
nous la constituons en principe avec des obstacles
naturels, nous pourrons, dans tous les cas, tirer
parti, pour donner satisfaction à la relation indispensable, de la faculté qui nous est offerte de la tracer
aussi irrégulièrement que nous le voudrons, cette
irrégularité étant en rapport avec le caractère de sa
défense, — ou si nous remontons jusqu'à la source
de ce caractère, — en rapport avec le but que nous
poursuivons : amener l'ennemi à s'engager à fond
en lui opposant une résistance active, mouvementée,
et donnant lieu à de nombreux épisodes.

Les effets d'une pareille organisation défensive, les
voici :

Il n'a pu être question de duel d'artillerie, au moins
serieux, l'artillerie de l'attaque, tenue à distance,
ayant dû se borner à faciliter l'occupation de l'avant-
ligne;

Nos réserves sont demeurées intactes;

Enfin, l'offensive a été contrainte d'engager une grande partie de ses forces, prématurément si l'on considère l'ensemble de l'action.

Moment critique pour l'attaque, car, avec ses troupes sans lien et ses unités sans cohésion, elle voit le moral des siens faiblir dans l'heure même où doit s'engager la lutte véritable.

Mais ne nous attardons pas davantage : c'est sans arrêt que doit se poursuivre ce combat, que la défense impose maintenant.

En effet, le succès qui semble résulter pour l'offensive de l'occupation de l'avant-ligne est tout apparent. Il est négatif même, puisqu'il a pour résultat d'amener ses troupes, — qui ne savent rien encore des véritables dispositions de l'adversaire, — sous le feu de l'ennemi à 1 000 mètres environ, feu forcément très meurtrier, puisque, assurée de sa précision — les distances ont été repérées — la défense peut lui donner une grande intensité.

Bref, arrivée à cette distance de 1 000 mètres, soumise à ce feu désorganisateur, l'offensive se trouve dans une situation aussi mauvaise — peut-être même

y a-t-il une légère aggravation — que si la défense
eût occupé une position topographiquement excel-
lente et que, par suite, elle se fût dispensée de couvrir son front par une ligne légère dont elle n'aurait
eu nul besoin.

Ainsi, à la distance où nous sommes, les situations
diverses dans lesquelles a pu se trouver l'offensive
par rapport à l'adversaire semblent se confondre en
une situation unique, — unique, et, aussi, constamment désavantageuse pour elle car, à ce moment,
tout favorise la défense.

Aussi bien, les lignes suivantes sont-elles applicables à tout combat défensif en général, à moins de
péripéties antérieures extraordinaires.

Plein d'irrésolution, l'ennemi ne sait où frapper.
Ses pertes, ses pertes vaines, s'accumulent.

Si la démoralisation de l'attaque vient à s'affirmer
d'une manière significative, il pourra être opportun
pour la défense de passer de suite à l'offensive pour
en finir sans délai avec l'adversaire; dans la plupart
des cas cependant, il sera pour elle d'un intérêt mieux
entendu de ne changer d'attitude qu'au moment où
l'ennemi aura parcouru quelques centaines de mètres.

Nous impose-t-on une indication plus précise, nous dirons alors que généralement le défenseur doit aborder les troupes de l'attaque au moment où elles arrivent à mi-distance, c'est-à-dire après qu'elles auront péniblement franchi cette zone comprise entre 1 200 et 600 mètres, que l'infanterie appelle moyenne, sur toute la profondeur de laquelle le feu de la défense exerce une action souveraine, car, pendant ce parcours laborieux, la situation prépondérante de cette dernière n'a pas cessé de s'affirmer, toujours la même : ses troupes sont demeurées invisibles, et leur tir par suite à peine contre-battu aura produit, matériellement et moralement, des effets considérables, sans précédents, inouïs on le prévoit, mais impossibles à décrire et encore moins à analyser en l'absence de tout document vécu.

Au cours de cette phase qui pour l'attaque correspond à l'exécution, les feux d'infanterie, et particulièrement ceux de la défense, exerceront sur l'issue finale même des plus grandes batailles, — nous voulons dire par là que nous considérerons ces feux abstraction faite de l'action coopératrice de l'artillerie qui dans de pareilles circonstances interviendra par masses, — exerceront, disons-nous, une influence telle qu'il n'est pas inutile de rechercher et d'établir, si elle existe, la différence des effets obtenus par une troupe suivant qu'on la suppose armée du fusil français ou du fusil allemand.

Le fusil français est assurément au moins égal comme valeur balistique au fusil allemand ; disons mieux, il a sur ce dernier une légère supériorité ; mais, on peut bien en convenir, les dispositions de chargement du fusil étranger assurent à son tir les bénéfices d'une vitesse plus considérable.

En fait, le tir à répétition constitue le mode normal d'emploi de l'arme allemande, alors que ce tir sera employé avec l'arme française, non pas exceptionnellement, ce ne serait pas exact, mais, en principe, seulement à des moments critiques d'ailleurs tout indiqués.

Sauf certaines circonstances favorables qui ne sauraient se produire fréquemment, une troupe française engagée dans un combat un peu animé n'aura que rarement la faculté de procéder au réapprovisionnement du magasin ; aussi tirera-t-elle coup par coup jusqu'au moment décisif, moment où le feu à répétition sera substitué au précédent.

Mais il faut prévoir le cas où un feu très vif devra être soutenu pendant un temps assez long, et il est hors de doute que, si cette éventualité venait à se produire, la différence des vitesses constituerait en faveur du fusil étranger un léger avantage.

Si l'on considère un temps très court, une minute par exemple, les avantages de la vitesse seront acquis au fusil français en supposant qu'on ait tiré coup par coup — nous nous plaçons dans la position visée dans l'avant-dernier paragraphe — pendant un nombre de secondes égal à la différence entre le temps considéré, 60 secondes, et le nombre de secondes nécessaire pour tirer jusqu'à épuisement les cartouches du magasin; mais si le feu doit être prolongé au delà de cette limite de 1 minute et soutenu pendant 3 minutes par exemple, les avantages de la vitesse passeront au fusil allemand, car pendant ces 180 secondes, le chargeur du Mannlicher ne cessera pas de faire son office alors qu'à partir de la soixantième, nous serons obligés de charger coup par coup.

La différence entre le nombre des balles tirées par une troupe et le nombre des balles tirées par la troupe adverse croîtra ainsi indéfiniment, mais sans que cette différence puisse jamais constituer en faveur de celui des deux adversaires auquel la supériorité de la vitesse est acquise, un élément de succès appréciable, puisque, dans l'espèce, nous ne saurions considérer que des laps de temps peu prolongés.

C'est dire que nous nous garderons de présenter les résultats de certains calculs — reposant sur des bases forcément approximatives d'ailleurs — qui ne peuvent avoir qu'un intérêt de curiosité pure.

Il serait oiseux de les enregistrer, absolument.

Inutile plutôt. — Pourquoi?

Tout simplement parce que le fusil allemand ne peut pas tirer un nombre de coups consécutifs supérieur à 80 ou 100 sans que les rayures du canon subissent, par suite de l'échauffement du métal, des altérations graves, et, pouvons-nous ajouter, sans aller jusqu'à des suppositions où l'imagination jouerait un rôle excessif, cette infériorité, formelle celle-là, bien déclarée, du fusil rival donne matière à réflexions, car enfin il n'est pas impossible de la mettre à profit.

Il est parfaitement exact, dans tous les cas, que le refroidissement du canon de l'arme allemande est sensiblement gêné par la présence du tube-enveloppe — les expériences qui ont eu lieu dernièrement en

Suisse ont mis le fait en pleine évidence — et qu'il y a là une sérieuse contre-partie aux avantages présentés dans les conditions les plus habituelles au point de vue de la commodité du tireur par cette disposition préservatrice, à laquelle nous préférons de beaucoup le simple manchon en feutre mis en essai dans les armées autrichienne et roumaine qu'on pourrait adopter sans hésitation, si l'utilité de ce nouvel *impedimentum* venait jamais à être bien démontrée.

Cela dit, la question que nous nous sommes posée à nous-même dans les pages précédentes, nous embarrasse un peu.

Toutes considérations pesées, la différence des deux armements peut-elle amener une différence entre les effets obtenus?

Oui! cependant, disons-nous. Il nous semble résulter de la balance des qualités et des défauts propres à chacune des deux armes qu'une différence peut s'établir et à l'avantage du fusil français.

Nous serions presque autorisé à ajouter « à une condition »; mais cette condition est tellement simple à remplir qu'on peut la considérer comme satisfaite.

C'est faire remarquer implicitement toutefois qu'il

est plus qu'urgent de donner satisfaction à des vœux dont nous présentons à notre tour l'expression.

Nous voulons parler de l'approvisionnement en cartouches, en nous limitant à l'approvisionnement régimentaire.

Indiquer la question suffira, tout ayant été dit à son sujet, et les *desiderata* exprimés se réduisant en somme à l'adoption d'un mode d'équipement, permettant au soldat de porter un plus grand nombre de cartouches et au fait de doter chaque compagnie d'une voiture qui, dans son chargement, en comprendrait quelques caisses.

Avant l'ouverture du feu, on distribuerait aux hommes les cartouches portées sur ces voitures qui iraient — quelques-unes d'entre elles au moins — se réapprovisionner aux sections de munitions, le caisson de bataillon étant là d'ailleurs pour faire face aux besoins.

Il s'établirait, par la suite, si le combat venait à se prolonger, un mouvement alternatif entre les deux échelons régimentaires, qui aurait pour effet d'assurer avec certitude le ravitaillement en cartouches des troupes engagées, résultat non obtenu jusqu'ici et qu'il est d'un intérêt trop évident d'atteindre pour qu'il soit utile d'insister davantage.

C'est aux environs de cette distance de 600 mètres, c'est-à-dire à la distance où nous avons supposé qu'était arrivée l'attaque, qu'il pourra convenir accidentellement d'établir une ligne accessoire de défense que les explosifs entrant dans la composition normale de nos approvisionnements serviront à constituer.

Nous espérons au moins qu'il sera loisible au défenseur d'en agir ainsi ; nous espérons, simplement, et la forme dubitative que nous employons est bien naturelle si l'on considère que jusqu'à présent les applications des explosifs en campagne ont été à peu près nulles.

Nous ne disons pas que les idées plus ou moins scientifiques sur lesquelles ces applications sont basées soient restées dans le domaine purement spéculatif, — les expériences de polygone sont là pour prouver le contraire, — mais qu'elle fût encore hésitante ou qu'elle soit devenue plus éclairée, la science, ou plutôt cette science, à l'armée, est toujours restée muette.

Cet état qu'on peut attribuer en partie, sans com-

mettre une erreur trop grave, à une certaine inertie traditionnellement dédaigneuse d'aussi minces
objets, était à la rigueur compréhensible autrefois;
mais il deviendrait inexplicable s'il se prolongeait,
supposition à écarter d'ailleurs, car il y a des exigences qui s'imposent avec trop de tyrannie pour
qu'on puisse les éluder.

Leur donner satisfaction, à ces exigences, pour certaines armes, c'est transformer leur manière de combattre, pour d'autres — et je crois que tel est le cas
pour celle qui nous occupe — c'est modifier peu à
peu leur axe de direction.

C'est ainsi qu'il suffit de considérer dans son ensemble l'appareil à mettre un jour en mouvement
pour reconnaître que le rôle des troupes du génie
sera, en ce qui concerne l'attaque et la défense des
places, un peu effacé, le canon devant presque toujours,
à lui seul, se charger de donner la solution, tandis
qu'en campagne, ce rôle grandira au delà de toute
mesure prévue.

Mais, abandonnons ces considérations, et finis-
sons-en avec le sujet qui les a provoquées en disant
que les ressources en explosifs du parc de corps
d'armée avec son caisson à mélinite, jointes à celles

des petits parcs divisionnaires seront généralement suffisantes, sans que nous soyons dans la nécessité de recourir à des échelons plus largement pourvus, pour faire face aux besoins provoqués par l'établissement de ce petit réseau de mine dont l'installation forcément très sommaire ne peut comporter que des dispositions simples.

Ajoutons que les résultats de l'explosion — simultanée — de toutes les parties du système devront intéresser une grande surface et, par contre, n'être que peu sensibles en profondeur, afin que l'ennemi ne puisse trouver d'abri dans la légère excavation formée.

Ainsi, au moment où les troupes de l'offensive commenceront à pénétrer dans la zone des petites distances, les sacrifices qui leur auront été imposés auront été aussi lourds que possible.

Mais bien qu'à chaque instant décimées, elles continueront à marcher, ces troupes, et il viendra nécessairement un moment où les chances des deux partis tendront à s'égaliser.

Les feux de l'attaque s'élèveront avec une violence extrême et leur caractère convergent les rendra redoutables.

Énergiquement appuyées par les unités dont les salves répétées labourent sans trêve les rangs de l'adversaire, les troupes d'assaut affermiront leur marche de plus en plus.

Une centaine de pas encore peut-être et, moralement dominée, la défense aura perdu tout sang-froid.

Mais un chef habile n'attendra pas plus longtemps.

Fort d'une supériorité menacée mais encore existante, il passera lui-même à l'offensive.

Si, trop timide, il maintenait ses troupes dans leurs lignes, l'ascendant moral de l'attaque deviendrait bientôt irrésistible.

Au contraire, intervertir les rôles, cesser de se défendre pour attaquer, et cela quand le défenseur a encore son moral intact, ce sera souvent vaincre!

CONCLUSION

Quelles conclusions générales pouvons-nous tirer de notre étude?

Nous n'en voyons qu'une, et elle n'est ni nouvelle ni inattendue.

C'est que, tactiquement, la forme de la défensive-offensive sera théoriquement la plus avantageuse à employer.

Le fait toutefois d'avoir compris dans notre affirmation ce mot « théoriquement », constitue une sorte de restriction mentale, dont nous n'avons pas à nous

défendre puisque nous restons encore convaincu que
l'offensive pure et simple — mais il faudra qu'elle
soit singulièrement vaillante — aura raison de bien
des résistances et déjouera bien des finesses.

Mais, après avoir souligné cette originalité que le
canon deviendra plus que jamais l'arme de prédilec-
tion de l'attaque et le fusil celle de la défense, —
aussi après avoir incidemment fait observer que nous
n'avons rien dit des combats de nuit à propos des-
quels nous avons certaines idées que dans un intérêt
non personnel — on voudra bien le croire — nous
ne croyons pas devoir exposer dans un ouvrage des-
tiné à la publicité, — élevons-nous dans nos conclusions en associant aux considérations militaires proprement dites des considérations d'un autre ordre, à
la fois politiques et morales.

Et, tout en indiquant le caractère probable d'une
situation attendue, nous n'osons pas dire souhaitée,
nous conclurons plus fortement.

Au point de vue des procédés employés par les
armées, la guerre présentera deux aspects distincts,
suivant que l'on considérera la période immédiatement consécutive à l'ouverture des hostilités ou celle
dont l'initial moment sera marqué par les premières

manifestations de l'ascendant que l'un des deux adversaires prendra nécessairement sur l'autre.

Pendant les premiers jours en effet, indépendamment que les forces mises en présence seront trop considérables pour être très mobiles, la préoccupation qui s'imposera aux deux adversaires de limiter le plus possible les chances de l'imprévu au début d'une lutte dont l'issue — vivre dans les rayons d'une gloire sans fin ou disparaître comme nation — sera décisive, — et l'un et l'autre en auront pleinement conscience, — suffira pour imprimer aux opérations un caractère de prudence avec lequel les procédés de la défensive-offensive sont en correspondance trop étroite pour que les deux partis n'en fassent point usage toutes les fois que cela leur sera permis.

Mais cette attitude réciproque aura un terme.

D'une part, les deux armées deviendront chaque jour plus alertes, plus manœuvrières, plus propres à l'action, et, d'autre part, la supériorité morale qu'il est réservé à l'une d'elles de prendre s'établira, et même assez rapidement, car chez l'une et chez l'autre les premières impressions seront très vives — il y a là pour les deux adversaires un immense danger — et la défiance, l'abandon, le doute y naîtront et s'y

propageront aussi rapidement que le pourront faire
la confiance, la fermeté, l'espoir.

C'est dire que, ce terme arrivé, celui des deux
adversaires en faveur duquel se sera établie cette
supériorité, procédera par mouvements nettement
offensifs, stratégiquement et tactiquement, et avec
une hardiesse que ses succès, ses succès probables,
ne feront qu'encourager.

S'exprimer ainsi, c'est implicitement former un
vœu, un vœu bien cher, qui, celui-là au moins, est
assuré de trouver un écho.

ÉPILOGUE

Les considérations toutes personnelles qui font suite ne sauraient constituer à proprement parler un épilogue, puisqu'elles sont indépendantes, en partie du moins, du sujet traité.

Nous demanderons cependant la permission de les développer.

Quelques mots d'abord au sujet de notre terminologie professionnelle.

Est-elle bien fixée? Nous ne le croyons pas.

Certes, à notre époque, nous sommes trop pénétrés de cette vérité que la disposition logique des termes, pris sans préoccupation dans leur acception courante,

contribue à déterminer la clarté de l'expression bien
avant la légitimité, rigoureuse ou non, du lien qui
rattache cette acception admise à la signification
exacte du mot considéré dans ses origines, pour
être, en ce qui concerne cette deuxième condition,
d'ailleurs indépendante de nous-même au moment
où nous pourrions souhaiter qu'elle fût satisfaite,
d'une susceptibilité bien farouche.

Encore convient-il d'observer que peut-être notre
empressement est-il d'autant plus vif d'applaudir à
cette vérité qu'elle est en harmonie avec le désir tout
moderne d'arriver par la vulgarisation — dont les
formes normales sont d'être lumineuses avant d'être
châtiées — à un état aussi complet que possible de
diffusion intellectuelle.

Mais, quoi qu'il en soit, on est assurément allé trop
loin en généralisant à l'excès l'acception d'un certain
nombre de mots, acception souvent fort restreinte
quand les mots eux-mêmes commencèrent d'être to-
lérés comme termes techniques, — et la faute commise
n'est pas moins grande, d'avoir permis qu'on donnât
au sens vulgaire de quelques autres une indécision
telle que le même mot, pris dans la même acception,
revêt arbitrairement les significations les plus diffé-

rentes, suivant les conventions mentales que celui qui
en fait usage établit avec lui-même.

La valeur de ces deux termes d'un emploi courant « manœuvre » et « rapport », par exemple, est
loin d'être exactement fixée; la première des deux
remarques qui précèdent s'appliquant de plus au
premier d'entre eux, dont la valeur significative
originelle, si l'on considère son étymologie, n'a
pu se prêter à l'acception que nous lui donnons
actuellement qu'à la suite d'envahissements successifs — il ne peut s'agir d'extension, l'extension
impliquant l'existence d'un droit naturel ici absent,
— qui ont donné lieu, de la part des écrivains militaires du xviii° siècle, auxquels on ne saurait dans
la circonstance reprocher bien vivement leur purisme,
à une résistance des plus acharnées, mais vaine,
car ils finirent par l'admettre, bien à contre-cœur il
est vrai, dans notre langage professionnel élevé.

Tout cela, certes, est de faible importance; mais,
en ce moment où l'on se préoccupe d'améliorer tant
de choses, peut-être conviendrait-il, en supprimant
certains termes qui font double emploi, en créant
d'autres termes dont l'absence fait défaut, en fixant
surtout exactement la valeur des termes conservés ou

admis, de donner à notre langage professionnel une clarté plus grande, progrès qui constituerait un élément de réussite de plus dans la tâche dont nous avons charge, qui est de donner à toute la jeunesse française une instruction militaire simple, mais raisonnée et saine.

Il est difficile d'enseigner si l'on rencontre trop fréquemment des termes d'une valeur indécise, et on peut dire que l'établissement des méthodes elles-mêmes souffre de l'état de légère confusion ainsi créé.

Or, il ne faudrait pas que les bons esprits, chez lesquels pourra naître la préoccupation de rechercher pour l'armée une méthode, d'enseignement et d'instruction tout à la fois, supérieure à celle dont on fait présentement usage, pussent, à propos de choses si minces, éprouver quelque embarras.

Il nous importe trop à tous de voir aboutir leurs efforts, pour que nous ne cherchions pas à les faciliter par tous les moyens; il nous importe, car, en fait, ce que j'appellerai la « pédagogie militaire » est encore à naître, et nous ne donnerons d'autre preuve à l'appui de ce que nous avançons que l'impression par tous

éprouvée en entendant les réponses faites par le soldat aux questions les plus simples, réponses rarement
précises et qui dénotent l'application unique d'une
faculté précieuse, mais secondaire : la mémoire.

Assurément, nous sommes loin du temps où ces
réponses, fréquemment d'un à-côté extravagant, étaient
parfois comme douloureuses à entendre, tant était
grande la stupéfaction qu'elles provoquaient ; mais de
grands progrès restent encore à faire.

Il y a beaucoup à dire à ce propos.

L'instructeur peut, il est vrai, n'être pas entièrement apte à la tâche à lui confiée, mais l'homme de
troupe, de son côté, n'apporte généralement pas à
s'instruire un zèle bien marqué.

Il ne se livre pas assez.

Ne croyez pas à son inaptitude, encore moins à son
incapacité, car ce même sujet qui, dans ses réponses,
fait preuve d'un embarras souvent plus feint que réel,
vous le retrouverez en dehors de l'armée, rendu à la
vie sociale ordinaire, déployant une finesse peu commune et une remarquable entente des affaires.

Sachons voir la vérité : dès qu'ils sont incorporés,
les jeunes hommes appelés chaque année se retran-
chent volontairement dans une sorte de demi-sommeil

24

qu'ils cherchent à prolonger avec le moins de dérangement possible jusqu'à leur libération. Ils sont présents corporellement, mais ne leur demandez pas de s'intéresser à des choses qu'au fond d'eux-mêmes ils trouvent absolument vides, et cela est bien naturel puisqu'ils s'obstinent à n'en vouloir pas rechercher l'esprit.

En principe, ils repoussent toutes les impressions et se réfugient dans un état voulu d'immobilité intellectuelle, cherchant à traverser sans troubles inutiles une période au cours de laquelle la recherche de l'intérêt est forcément assez peu active, et cela pour les plus fins politiques, à s'assurer de cette manière une certaine impunité, l'inertie, — l'inertie souriante et disciplinée s'entend, — constituant, en fait, la meilleure des défenses.

Il y a certainement là matière à réflexions et à réflexions tristes. Songez-y : Le plus grand nombre de nos hommes nous quittent avec cette opinion qu'ils ont tenu à se forger eux-mêmes que le métier militaire est creux, mais là étonnamment, et non sans manifester une incrédulité parfaite si l'on vient à leur affirmer qu'il est logiquement compatible avec une certaine supériorité d'esprit.

Impression fâcheuse, car elle n'est pas faite pour donner à la nation une idée bien haute de notre valeur intellectuelle, et l'appréciation peu flatteuse dont nous sommes l'objet à ce propos est plus enracinée que nos camarades se le figurent généralement.

Écoutez autour de vous.

Nous nous devons à nous-mêmes de chercher à la modifier, cette appréciation, et, pour y arriver, il n'y a qu'un moyen, c'est d'imposer au soldat à notre sujet une opinion différente de celle qu'il emporte en nous quittant.

Il faut lui démontrer tout droit et tout net que nous pouvons, que nous savons, que nous voulons l'instruire.

L'instruire, mais en s'y prenant d'une tout autre manière que de celle dont on a usé jusqu'ici.

Nous secouerons sa torpeur par des images saisissantes, nous ferons constamment appel à son intelligence, nous bornerons, nous bornerons surtout, le rôle de la mémoire à sa mission naturelle qui est, quand on l'y invite, de représenter avec fidélité à l'esprit dans l'ordre que ce dernier a précédemment établi lui-même, en souverain, des choses sues et bien comprises.

Mais, comme on l'a trop généralement fait jusqu'à présent, transformer l'utilisation de cette faculté en une sorte de factice procédé d'instruction, quelle faute !

En résumé, tout attendre de la lumière et n'attendre rien que d'elle, mais, à propos de chaque question, la faire vive, éclatante, tyrannique. Elle saura bien les forcer à s'entr'ouvrir, ces paupières si obstinément fermées.

Qu'on ne nous accuse pas de pessimisme, car après avoir vu de très près les principales armées de l'Europe, nous avons encore cette conviction, indépendante de tout orgueil national, que le soldat français est au fond le mieux doué de tous, au point de vue des facultés intellectuelles comme au point de vue de toutes les autres.

Sans doute, ont-elles besoin, ces facultés intellectuelles, d'être stimulées par des appels très vifs, par une grande activité dans les méthodes, par quelque chose d'extraordinaire enfin.

Un peu comme son moral, qui, d'ordinaire assez mou, atteint jusqu'au sublime si on le considère aux pôles extrêmes : de l'enthousiasme — aucun soldat n'est plus ardent, — ou de la résignation — aucun

soldat ne supporte les privations avec plus de noblesse et de simplicité.

Un peu aussi comme ses dehors, qui, généralement
beaucoup trop abandonnés, se transforment à ce
point dans la bataille — comme l'a remarqué et si
bien dit Wellington — qu'il prend l'apparence d'un
héros.

Nécessaire aux hommes auxquels elle s'appliquera,
cette culture intellectuelle sera naturellement aussi
très profitable à ceux qui seront chargés d'y pourvoir.

La direction à imprimer à l'ensemble ne laissera
pas elle-même que d'être intéressante pour les officiers des cadres supérieurs qui trouveront là une occasion toute naturelle d'exercer leurs facultés d'observation, labeur assez simple, mais qui contribue
puissamment par l'obligation constante où elle place
le sujet d'analyser ce qu'il voit et ce qu'il entend, à
développer l'état intellectuel.

Or ce développement intellectuel, il devient du
plus haut intérêt que ceux auxquels les hautes situations de l'armée peuvent un jour échoir, se préoc-

cupent de l'acquérir, car, dans nos armées modernes, qui comprendront après la mobilisation, tant d'éléments hétérogènes et mal liés entre eux, l'ascendant hiérarchique demandera — tout le monde me comprendra — plus que jamais à être fortifié par une confiance qu'à notre époque de libre discussion la manifestation d'une haute capacité sera seule capable de faire naître.

En ce qui touche les voies et moyens nécessaires pour atteindre cet état de supériorité si désirable, nous ne pouvons naturellement nous permettre de donner aucun conseil; mais peut-être estimera-t-on dans le plus tard qu'il n'était pas sans intérêt, si l'on considère les méditations qu'elle provoquera forcément, d'appeler l'attention sur la proposition suivante que nous avons recueillie en parcourant ce que j'appellerai les « statuts spirituels » d'une académie de guerre réputée.

« Il nous importe peu, est-il dit en substance, de compter parmi nos élèves des sujets dont le savoir encyclopédique ne saurait être que superficiel et le volume des connaissances lourdement emmagasinées par la mémoire nous laisse indifférent. Nous avons un autre but, c'est d'affiner et d'assouplir par une gymnastique de l'esprit incessante l'outil intellectuel dont ils disposent. »

Si, comme nous, on estime cette manière de voir conforme à la raison, nous ajouterons qu'il y a une certaine correspondance entre la direction intellectuelle que l'on se propose d'imposer à l'élève dans l'Institut en question et celle à laquelle nous serions heureux de voir se soumettre de lui-même le sujet idéal auquel nous nous adressons par la pensée; car, selon nous, à un moment donné de la vie, il convient plutôt de méditer sur ce que l'on sait — exercice qui donne peu à peu à la pensée la puissance recherchée — que de se préoccuper d'acquérir encore.

Une heure vient où le livre est un danger.

Les considérations qui précèdent s'adressent aux études de tout genre, mais si nous visons plus particulièrement les études relatives à la guerre, en nous plaçant cette fois plus au point de vue du fond qu'à celui de la tournure à leur donner, nous ajouterons que l'on a détourné beaucoup d'officiers de ces études en affirmant trop complaisamment, avec une sorte d'exagération indiscrète, que l'habileté manœuvrière du chef ne jouerait plus désormais qu'un rôle effacé.

...« Le temps des Alexandre est passé, » dit-on volontiers. Peut-être; ou même, sans doute, si l'on y tient; mais à force de jeter dans la conversation, sous une forme ou sous une autre, des affirmations du même genre, l'on a créé un véritable état de découragement. Beaucoup se disent maintenant, allant d'un bond jusqu'à l'excès, à l'excès dont l'esprit humain a tant de peine à se défendre : « Le nombre est tout : faisons du nombre; après, nous verrons. »

Bref, il s'est établi un courant d'idées que nous ne pouvons, personnellement, trouver que fâcheux, puisque nous avons encore cette conviction qu'une armée commandée par un homme de guerre habile aura toujours raison d'une armée sensiblement plus nombreuse, — dans la proportion de 3 à 5 si l'on veut, — conduite par un chef moins bien doué que le précédent, la médiocrité du chef — il n'est nul besoin d'aller jusqu'à l'impéritie — étant un dissolvant auquel rien ne résiste, et d'autre part sa haute capacité suffisant à elle seule pour déterminer même entre des éléments médiocres une cohésion dans l'effort qui rend le succès nécessaire.

Peut-être me sera-t-il permis d'ajouter que nos études ont trop dévié vers les questions d'organisation, d'armement, de transport... que sais-je, enfin vers tout ce qui est préparation à la guerre. Les études des opérations semblent nous intéresser moins qu'autrefois.

Assurément, les guerres futures ne ressembleront pas à celles auxquelles les hommes de notre génération ont pris part, encore moins à celles des xvii° et xviii° siècles, et pourtant nous avons cette certitude — il y a tant de choses immanentes dans un ordre d'idées déterminé — que, sans parler des guerres récentes, l'étude, convenablement modernisée, des campagnes de Turenne, du prince Eugène, du grand Frédéric, par exemple, ne serait pas sans porter des fruits immédiats.

La foi, la foi ardente, qu'avaient ces grands capitaines dans l'art de la guerre a eu en effet pour récompense de leur permettre de concevoir — faculté réservée à leurs seuls esprits pénétrants — toute une série de procédés, de ruses, de stratagèmes, qui, convenablement transformés, seraient parfaitement applicables à notre époque.

Et leurs inspirations de génie, leurs manœuvres modèles du genre, supposent, comme chez Napoléon du reste, l'existence préalable d'un état supé-

rieur d'initiation spontanée s'adressant comme dans
un culte à la vérité que dans leurs cerveaux puis-
sants ils étaient arrivés à contempler pour ainsi dire
face à face, état, — non sans analogie avec le mysti-
cisme, si l'on pouvait associer au sens de cette expression l'idée d'activité, — dont il faut rechercher l'origine dans la profondeur des méditations, souvent
douloureuses, appliquées aux idées d'un même ordre.

Évidemment, pour obtenir des résultats pratiques,
ces études demanderaient à être poursuivies sous un
point de vue approprié. Mais ce point de vue, il est
possible de le déterminer et n'est-ce pas là d'ailleurs,
tout à la fois le propre et la définition, pourrait-on
dire incidemment, de l'intelligence, que de saisir
immédiatement l'aspect sous lequel un sujet, une
suite de faits, d'actes, doivent être considérés pour
que de l'étude entreprise jaillisse la lumière.

Il y a là peut-être le germe de toute une rénovation.

Nous arrêterons ici nos réflexions.

Aussi bien est-il difficile autrement que dans la
conversation d'ouvrir sur des sujets à la fois graves et
délicats des aperçus légers et discrets, le style écrit

qui exige une certaine condensation étant peu compatible avec la délicatesse de forme que le tact impose.

Cependant, avant de nous séparer du lecteur bienveillant qui nous a accompagné jusqu'ici, nous
irons de nous-même au-devant d'un reproche que
l'on n'a jamais manqué d'adresser à tous ceux qui
dans le monde des idées n'ont pas suivi avec une
complaisance qui n'est pas sans servilité les sen-
tiers battus, reproche toujours suspendu comme une
menace et dont l'expectative a suffi pour paralyser,
dans l'armée comme ailleurs, bien des bonnes vo-
lontés, du concours desquelles on s'est privé bien à
tort ou mieux sans raison, car l'indépendance de
l'esprit, basée sur l'honnêteté intellectuelle, est plutôt faite pour affermir la soumission morale en en
relevant le caractère que pour l'altérer.

Chez un pareil sujet, honnête et indépendant
comme celui dont nous parlons, la soumission
morale est en effet profonde et ne peut être que telle,
car le bien fondé philosophique de la nécessité de
cette soumission étant pour lui vérité démontrée, il
en a reculé de lui-même les limites avec une géné-

rosité dont la noblesse est réservée à ceux qui, re-
cherchant la vérité sans préoccupation, sont, par une
conséquence toute naturelle de leur détachement de
l'intérêt, disposés au dévouement et constamment
prêts à tous les sacrifices dont la simplicité avec
laquelle ils sont consentis ne constituerait pas à elle
seule une raison suffisante pour qu'on fût autorisé
à en nier la grandeur.

Glissant très vite sur le sujet, nous ajouterons donc
simplement que si l'on nous reprochait, en visant les
quelques idées que nous avons pu exprimer qui sor-
tent du traditionnel convenu, d'être comme l'on dit
dans le langage familier « trop théorique », nous
dirions d'abord que nous ne comprenons pas très
bien pourquoi le sens de ce mot « théorique » en est
arrivé à prendre le caractère d'un blâme dédaigneux,
car tous les progrès s'accomplissent sous la forme
spéculative, la pratique étant appelée, comme nous
nous sommes empressé de le répéter bien des fois ici
même, à faire ressortir les imperfections et par suite
à provoquer les modifications et les transformations
nécessaires, mais non à créer.

Nous dirions aussi que la pratique, c'est la guerre,

et que ceux qui nous blâment en sont réduits à l'attendre comme nous.

Nous dirions enfin que la routine est suffisamment forte pour que nous ne nous croyions pas tenu de lui faire de concessions, ayant nous-même une considération médiocre pour l'inactivité si commode, mais si peu digne de l'esprit, qui en forme l'origine et la raison d'être, indolence à laquelle l'orgueil n'est pas étranger, qui aboutirait rapidement, si on ne la combattait pas, à restaurer ce quiétisme dont nous avons déjà tant souffert comme nation.

Nous nous sommes borné du reste à une exposition pure et simple, évitant la forme du plaidoyer beaucoup trop employée selon nous dans le livre militaire en général, et qui n'est admissible que dans les débats contradictoires auxquels donne lieu la lutte d'intérêts opposés.

Il convient de laisser les subtilités de la dialectique aux professionnels de l'argumentation et nous sommes pleinement autorisé à nous exprimer ainsi puisque nous n'avons pas, nous, à obtenir satisfaction en faveur d'un intérêt au détriment d'un autre, mais à choisir une solution — la plupart des questions en comportent plusieurs — entre des solutions diverses. Il y a compétition plutôt que rivalité, et nous nous préoccupons simplement de rechercher la manifestation la plus intelligente à donner à une force brutale mais disciplinée.

Cette forme du plaidoyer cependant a été employée presque exclusivement jusqu'ici par les écrivains militaires; — nous ne parlons naturellement pas de ceux auxquels leur situation hiérarchique ou leur haute notoriété assure une indépendance complète.

Les motifs qui les amènent à agir ainsi, nous les cherchons vainement.

Il ne s'agit pas de leur intérêt personnel et on ne saurait les accuser d'aucun calcul, car il serait certainement plus habile de leur part, au point de vue de la satisfaction de cet intérêt, de chercher simplement à être admis, effort auquel les labeurs de l'étude sont étrangers, dans l'un de ces groupes bourdonnants dont les membres, éclectiques délicieux, estiment que toutes les doctrines ont au moins un côté pratique qui est celui d'exploiter par l'adulation le crédit du personnage qui représente ces doctrines pour ainsi dire officiellement.

Avec cette parfaite indifférence du cœur que procure la naturelle ingratitude, ces flatteurs vont de l'un à l'autre, manifestant un zèle banal dont l'empressement croît ou décroît avec la puissance effective de rayonnement, dans le moment considéré, du chef auquel ils s'attachent.

Assurément, ils sont fréquemment importuns et le savent ; mais rassurez-vous et tenez pour certain qu'ils sauront arriver peu à peu par la délicatesse raffinée de leurs formes exquises et par l'élégance faussement enjouée du discours, à faire accepter leurs obsédantes attentions, car ils sont pénétrés des bonnes traditions, des traditions que, sans le savoir, et avec le secret de ce sourire aussi figé qu'uniforme qui leur est propre, les courtisans de race se transmettent d'âge en âge avec une soucieuse fidélité.

La question de l'intérêt, quelque forme du reste que puisse affecter sa recherche, devant être écartée, c'est donc au seul empressement à convaincre que nous devons faire remonter l'origine de cette forme dans l'exposition qui nous paraît peu compatible avec le caractère des sujets traités eux-mêmes puisqu'il s'agit presque toujours d'un choix à faire et bien rarement d'un différend à trancher.

Il y a là comme un hommage, non pas excessif, — il ne le saurait être, — mais exagéré dans sa forme, rendu à la vérité.

Divinité cruelle, car ne semble-t-il pas qu'après avoir fixé son image sur le miroir qu'on lui prête, la Vérité n'ait, défiant les hommes d'en pouvoir jamais rassembler les fragments comme à l'infini dispersés, brisé son fragile emblème?

Défi à l'origine du temps jeté, auquel l'humanité s'efforce sans cesse de répondre.

Les siècles remplacent les siècles, des ères s'ouvrent et se ferment, alternatives, de lumière et de relative obscurité, correspondant aux chances diverses que l'humanité parcourt dans sa quête éternelle, mais toujours elle s'empresse, allant au-devant d'un devoir qu'elle s'est elle-même imposé, à la recherche des débris du miroir divin.

Rien ne la guide dans ses voies que l'éclat, trop souvent voilé, d'un cristal sans tache dont la transparente pureté est acclamée partout sur la terre comme un immatériel, métaphorique et naturel symbole : négation du mystère.

Rien ne ralentit son zèle, ni la stérilité fréquente de l'effort, ni les angoisses du doute, ni les désespoirs si grands chez les âmes délicates de l'erreur reconnue.

Les générations disparaissent, mais aucune d'elles avant de disparaître n'oublie de remettre avec un soin pieux à celle qui la remplace dans la succession des âges le résultat quelquefois plus tard dédaigné des soins qu'elle a pour sa part apportés à une tâche jamais accomplie qu'elle abandonne à son tour, épuisée.

Les hommes meurent, mais chacun d'eux en mourant emporte cet espoir, indestructible dans sa fatalité transmise, qu'un jour viendra où il sera permis à ses futures descendances de contempler dans l'attributif miroir enfin reconstitué l'expression sensible, saisissable dans son immatérialité, de la divinité une et complexe, lumière à la fois rayonnante et dispersée, que l'univers entier incessamment célèbre dans le cycle indéfini d'un hymne inquiet...

Doutes, angoisses, espérances, vous établissez entre tous ceux qui pensent un lien fraternel, et c'est vous, peines partagées, que j'invoque pour procurer à ce livre un accueil bienveillant.

Valenciennes, 1890.

TABLE DES MATIÈRES

Paris. — Typ. Georges Chamerot, 19, rue des Saints-Pères. — 26413.

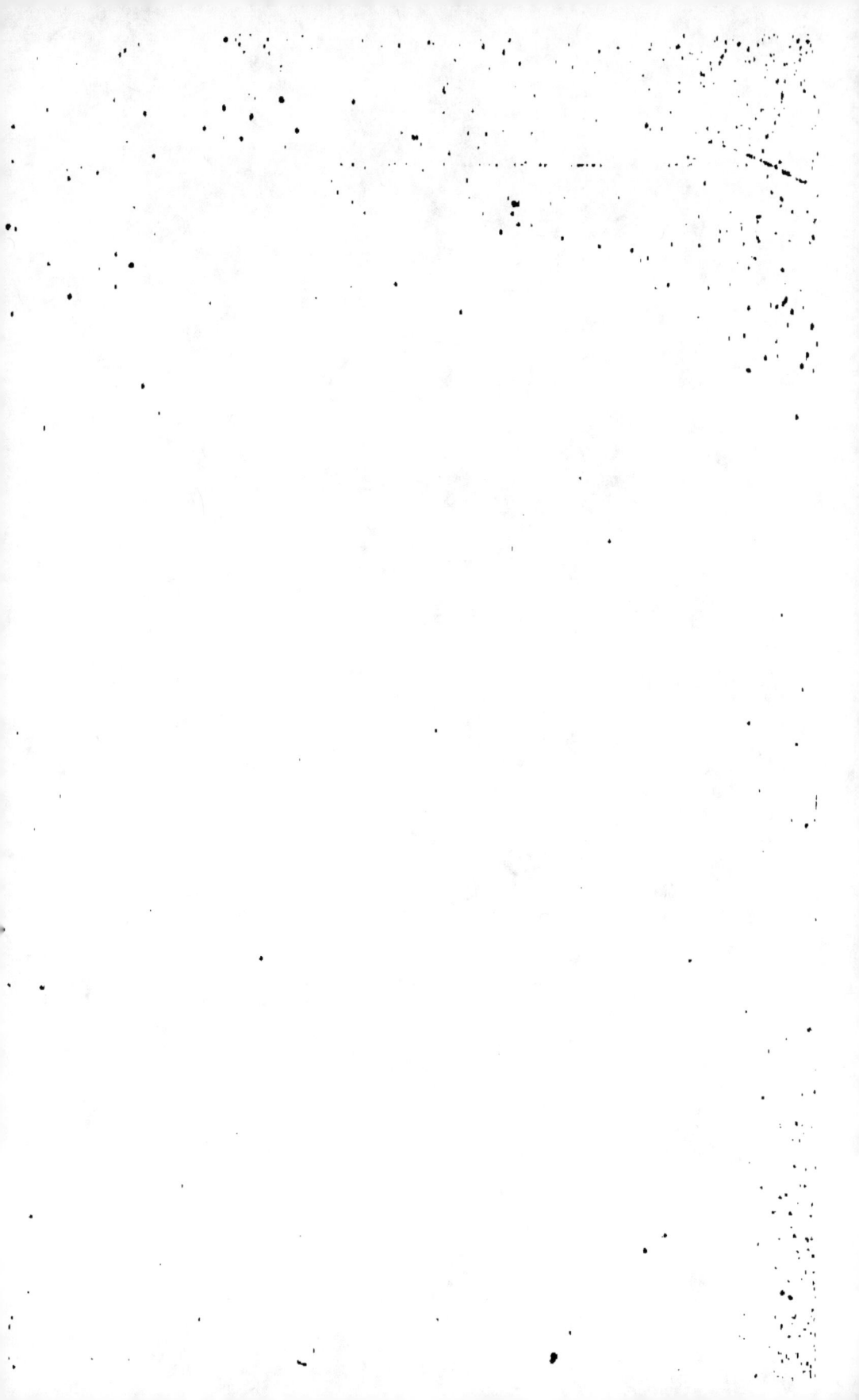

www.ingramcontent.com/pod-product-compliance
Lightning Source LLC
Chambersburg PA
CBHW062225270326
41930CB00009B/1876